Zhongguo Tese Qiye Xinxing Xuetuzhi Peixun Jiaocai

中国特色企业新型学徒制培训教材

# 汽车技术基础

人力资源社会保障部教材办公室　组织编写



本书编审人员

主　编：祖国海

参　编：祖铭男　隋春艳　郝思齐　高俊男　李振禹　隋礼辉

主　审：郑金顺

中国劳动社会保障出版社

## 简介

本书是中国特色企业新型学徒制培训教材汽车类专业基础课程教材中的一种，主要内容包括汽车构造概述、汽车发动机基础、汽车底盘基础、汽车电气设备基础、汽车电子控制装置、汽车车身、新能源汽车、汽车维修常用工具与设备、安全生产与保护知识。

本书适用于各类企业与职业院校、职业培训机构、企业培训中心等教育培训机构开展中国特色企业新型学徒制培训，也适用于企业岗位技能培训和就业技能培训。

**图书在版编目（CIP）数据**

汽车技术基础 / 人力资源社会保障部教材办公室组织编写 . -- 北京：中国劳动社会保障出版社，2022

中国特色企业新型学徒制培训教材

ISBN 978-7-5167-5465-8

Ⅰ. ①汽…　Ⅱ. ①人…　Ⅲ. ①汽车工程 – 教材　Ⅳ. ①U46

中国版本图书馆 CIP 数据核字（2022）第 107663 号

**中国劳动社会保障出版社出版发行**

（北京市惠新东街 1 号　邮政编码：100029）

*

北京市科星印刷有限责任公司印刷装订　　新华书店经销

787 毫米 × 1092 毫米　16 开本　8.75 印张　176 千字

2022 年 10 月第 1 版　　2022 年 10 月第 1 次印刷

**定价：28.00 元**

营销中心电话：400-606-6496

出版社网址：http://www.class.com.cn

# 前　　言

为贯彻《关于加强新时代高技能人才队伍建设的意见》文件精神，落实《关于全面推行中国特色企业新型学徒制　加强技能人才培养的指导意见》（人社部发〔2021〕39 号）有关要求，适应规范化、标准化、制度化开展企业新型学徒制培训对教材的需求，建立完善适应新时代企业新型学徒制培训需求的高质量教学资源体系，人力资源社会保障部教材办公室组织有关行业、企业、院校和培训机构的专家编写了中国特色企业新型学徒制培训教材。

中国特色企业新型学徒制培训教材依据国家职业技能标准、职业培训课程规范等进行开发。以培养劳模精神、劳动精神、工匠精神为引领，主动对接学徒生产实际，强化职业道德、职业素养及职业能力培养，积极适应产业变革、技术变革、组织变革和企业技术创新等需求。以工作过程、学习行动、问题解决为导向，有机融合理论培训与实践培训内容，贴近学徒实际水平、贴近企业实际需要、贴近岗位工作现场。

中国特色企业新型学徒制培训教材包括通用素质课程教材和专业基础课程教材两类。其中，通用素质课程教材注重对学徒综合素质和可迁移技能的培养，促进其具备良好职业道德、职业素养及职业能力，能够安全胜任岗位工作；专业基础课程教材注重对学徒专业基础知识和基本技能的培养，促进其适应有关职业（工种）技能的学习。

首批开发的中国特色企业新型学徒制培训教材依据通用素质课程培训大纲、机械类专业基础课程培训大纲、电工电子类专业基础课程培训大纲、汽车类专业基础课程培训大纲编写，具体包括《劳模精神　劳动精神　工匠精神》等 9 种通用素质课程教材，以及机械类、电工电子类、汽车类等专业大类的 10 种专业基础课程教材。

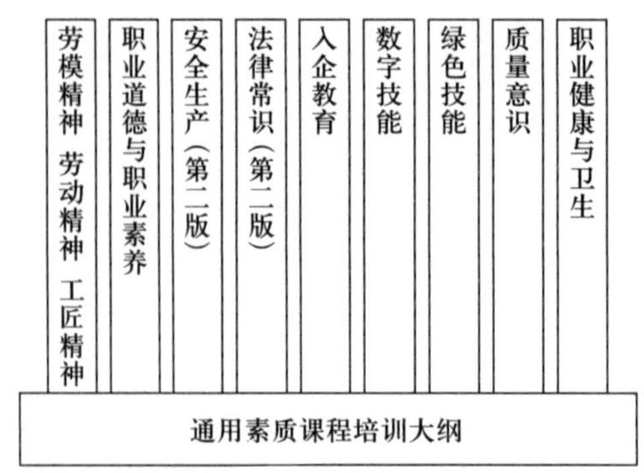


通用素质课程教材体系

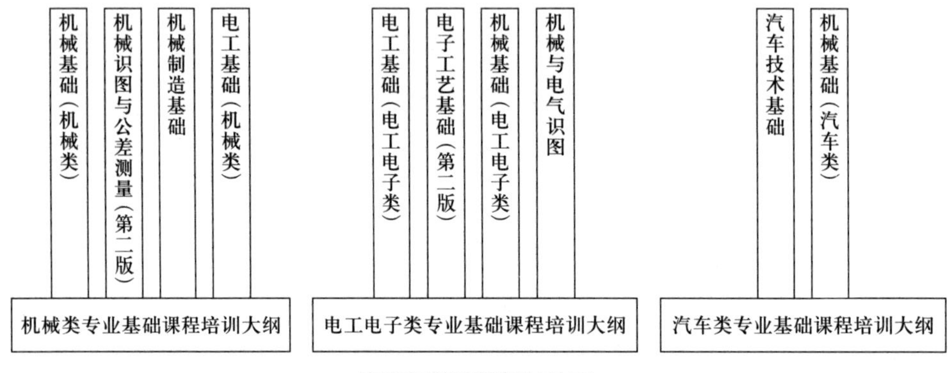


专业基础课程教材体系

本教材是开展中国特色企业新型学徒制培训的重要教学资源。主体读者对象为参加企业新型学徒制汽车类职业培训人员，也适用于企业岗位技能培训和就业技能培训人员。

本教材由祖国海担任主编并负责统稿。本教材在开发过程中得到了北京、内蒙古、辽宁、浙江、山东、河南、广东、重庆、陕西等地人力资源社会保障厅（局）及相关企业、院校、培训机构的大力支持与协助，在此一并表示衷心的感谢。欢迎读者对完善本教材提出宝贵意见。

人力资源社会保障部教材办公室

# 目录

# 汽车构造概述

## 第1节　汽 车 分 类

国家标准 GB/T 3730.1—2001《汽车和挂车类型的术语和定义》对汽车分类术语进行了定义，将汽车分为乘用车和商用车两大类，如图 1–1 所示。

### 一、乘用车

乘用车是指在设计、制造和技术特性上主要用于载运乘客及其随身行李和 / 或临时物品，包括驾驶员座位在内最多不超过 9 个座位的汽车。乘用车也可以牵引挂车。

乘用车主要包括普通乘用车、活顶乘用车、高级乘用车、小型乘用车、敞篷车、仓背乘用车、旅行车、多用途乘用车、短头乘用车、越野乘用车、专用乘用车 11 种，如图 1–2 所示。其中，专用乘用车又可分为旅居车、防弹车、救护车、殡仪车。

### 二、商用车

商用车是在设计、制造和技术特性上用于运送人员（乘用车除外）和 / 或货物，或进行专用作业的汽车，并且可以牵引挂车。商用车按照用途分为客车、半挂牵引车和货车三大类。

#### 1. 客车

客车是指在设计、制造和技术特性上用于载运乘客及其随身行李，包括驾驶员座位在内的座位数超过 9 个的商用车。客车有单层的也有双层的，可牵引一辆挂车。

客车分类如图 1–3 所示。

汽车
乘用车
普通乘用车
活顶乘用车
高级乘用车
小型乘用车
敞篷车
仓背乘用车
旅行车
多用途乘用车
短头乘用车
越野乘用车
专用乘用车
旅居车
防弹车
救护车
殡仪车
商用车
客车
小型客车
城市客车
长途客车
旅游客车
铰接客车
无轨电车
越野客车
专用客车
半挂牵引车
货车
普通货车
多用途货车
全挂牵引车
越野货车
专用作业车
专用货车

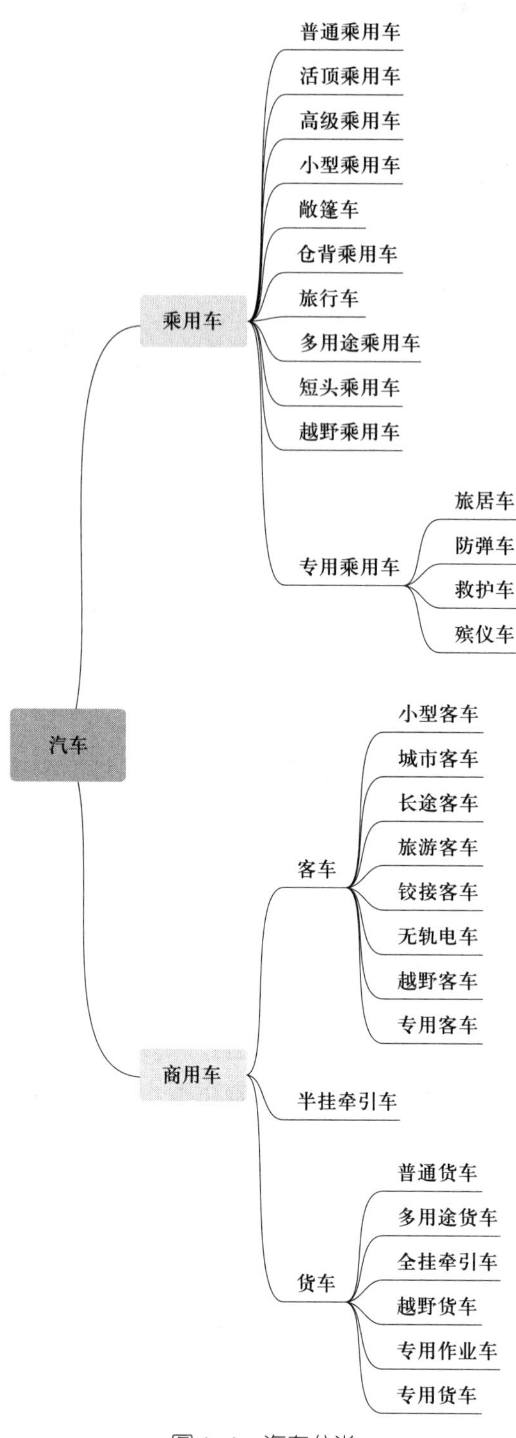

图 1-1　汽车分类

普通乘用车

活顶乘用车

小型乘用车

高级乘用车

敞篷车

仓背乘用车

旅行车

多用途乘用车

短头乘用车

越野乘用车

旅居车

防弹车

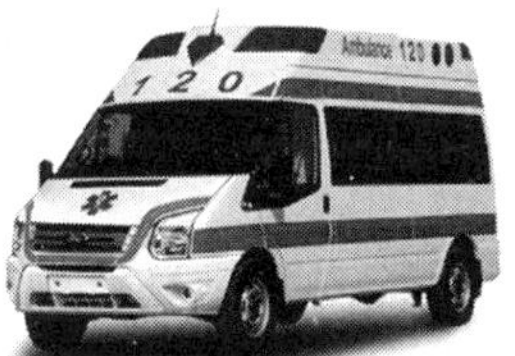

救护车

殡仪车

图 1–2 乘用车分类

小型客车

城市客车

长途客车

旅游客车

铰接客车

无轨电车

越野客车

专用客车

图 1–3　客车分类

## 2. 半挂牵引车

半挂牵引车是指装备有特殊装置、用于牵引半挂车的商用车，如图 1–4 所示。

图 1–4　半挂牵引车

## 3. 货车

货车是指在设计、制造和技术特性上主要用于载运货物或牵引挂车的汽车，具体分类如图 1–5 所示。

普通货车

多用途货车

全挂牵引车

越野货车

专用作业车

专用货车

图 1–5　货车的分类

# 第 2 节　汽车的组成和技术参数

## 一、汽车的组成

汽车的类型虽然很多，且各类汽车的总体构造有所不同，但它们的基本组成是一致的，由发动机、底盘、电气设备和车身四大部分组成，如图 1–6 所示。

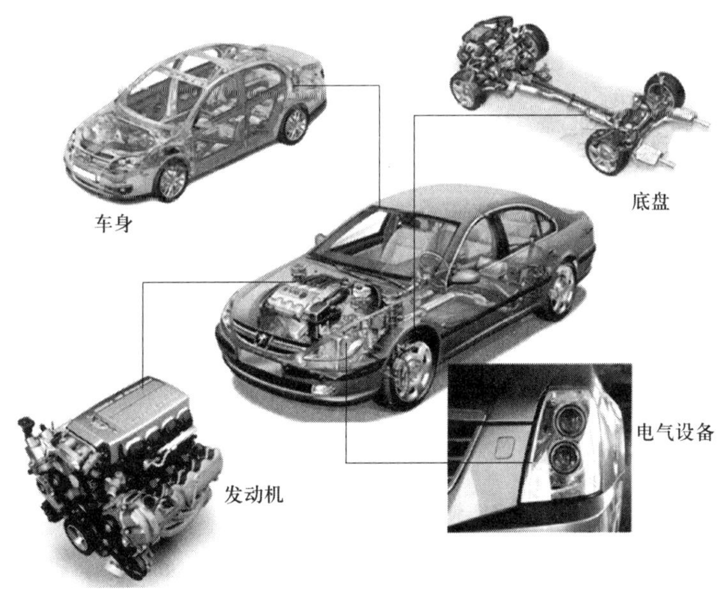


图 1–6　汽车的组成





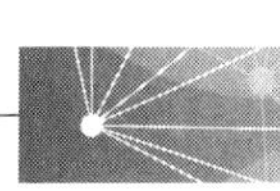

### 1. 发动机

发动机是为汽车行驶提供动力的装置。其作用是使燃料燃烧产生动力，然后通过底盘的传动系统驱动车轮使汽车行驶。

发动机一般安装在车的前部，称作发动机前置（见图 1–7）；对于大客车来说发动机一般安装在汽车的后部，称作发动机后置（见图 1–8）；运动型跑车和方程式赛车的发动机安装在汽车的中间部位，称作发动机中置（见图 1–9）。

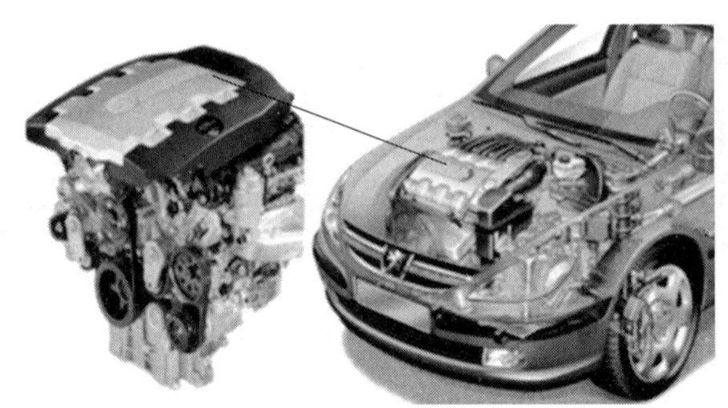

图 1–7　发动机前置

图 1–8　发动机后置

图 1–9　发动机中置

### 2. 底盘

底盘的作用是支承、安装汽车发动机及其他各部件、总成，形成汽车的整体，并接受发动机的动力，使汽车产生运动，保证正常行驶，如图 1–10 所示。

图 1–10　汽车底盘

### 3. 电气设备

电气设备由电源和用电设备组成。电源包括发电机和蓄电池；用电设备有很多，不同车型有所不同。现代汽车上的许多微机控制系统、传感器、执行器等一般属于电气设备，其具体组成如图 1-11 所示。

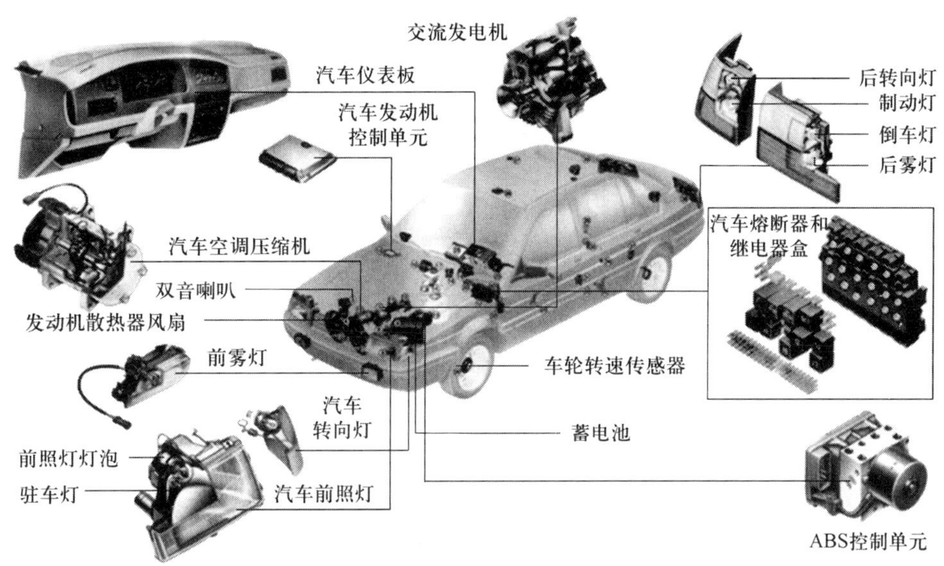


图 1-11　电气设备

### 4. 车身

车身容纳驾驶员、乘客和货物，并构成汽车的外壳。载货汽车的车身由驾驶室和货厢构成，客车与乘用车的车身由统一的外壳构成，如图 1-12 所示。其他专用车辆还包括一些特殊装备。车身还包括车门、车窗、车锁、内外饰件、附件、座椅及车身各钣金件等。

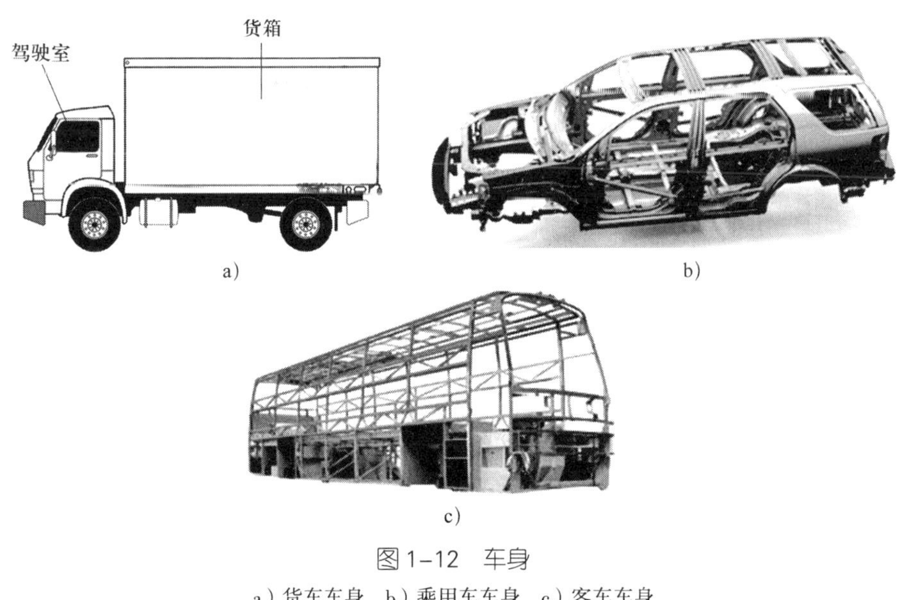


图 1-12　车身

a）货车车身　b）乘用车车身　c）客车车身

## 二、汽车的技术参数

汽车的主要特征和技术特性随所装用的发动机类型和特性的不同而不同，通常有以下结构参数和性能参数。

### 1. 质量

（1）整车装备质量（kg）：指汽车完全装备好的质量，包括润滑油、燃料、随车工具、备胎等所有装置。

（2）最大总质量（kg）：指汽车满载时的总质量。

（3）最大装载质量（kg）：指在汽车自身各零部件所允许的范围内，能保证汽车在道路上稳定行驶的汽车最大装载质量，即通常所说的载重。

（4）最大轴载质量（kg）：指汽车单轴所承载的最大总质量。它与道路通过性有关。

一般来说，整车装备质量大的汽车高速行驶时的稳定性好，特别是急转弯和紧急制动时优势很明显，但油耗会高，使用成本增加。

### 2. 外廓尺寸

（1）车长（mm）：指汽车长度方向两极端点间的距离。

（2）车宽（mm）：指汽车宽度方向两极端点间的距离。

（3）车高（mm）：指汽车最高点至地面间的距离。

（4）轴距（mm）：指汽车前轴中心至后轴中心间的距离。轴距的长短直接影响汽车的长度，进而影响汽车内部使用空间的大小。轴距越长，汽车内部使用空间越大，但机动性会变差。

（5）轮距（mm）：指同一车桥左、右轮胎胎面中心线间的距离。

（6）前悬（mm）：指汽车最前端至前轴中心的距离。

（7）后悬（mm）：指汽车最后端至后轴中心的距离。

以上外廓尺寸如图 1–13 所示。

（8）最小离地间隙（mm）：指汽车满载时最低点至地面的距离，如图 1–14 所示。最小离地间隙越大，汽车越容易越过障碍物，但重心偏高，降低了稳定性。

（9）接近角（°）：指汽车前端突出点向前轮的切线与地面的夹角，如图 1–15 所示。接近角越大，汽车在上下渡船或进行越野行驶时就越不容易发生触头事故，汽车的通过性能就越好。

（10）离去角（°）：指汽车后端突出点向后轮的切线与地面的夹角，如图 1–15 所示。离去角越大，汽车就可由越陡的坡道上下行，而不用担心后保险杠会被卡住。

（11）纵向通过角（°）：前轮、后轮与地面接触点到底盘中部最低点连线的夹角，如图 1–15 所示。纵向通过角越大，汽车的通过性越好。

（12）转弯半径（mm）：指汽车转向时，汽车外侧转向轮的中心平面在车辆支承平面上的轨迹圆半径，如图 1–16 所示。转向盘转到极限位置时的转弯半径为最小转弯半径。

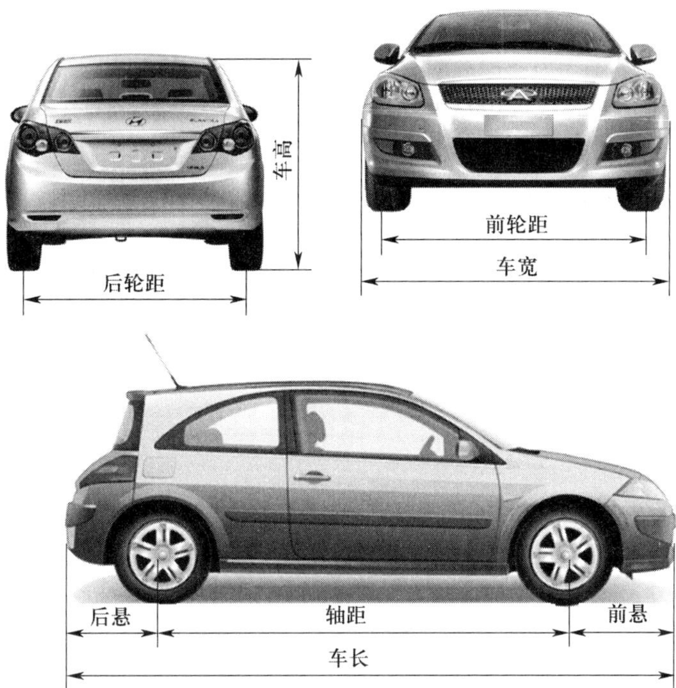


图 1–13　汽车外廓尺寸

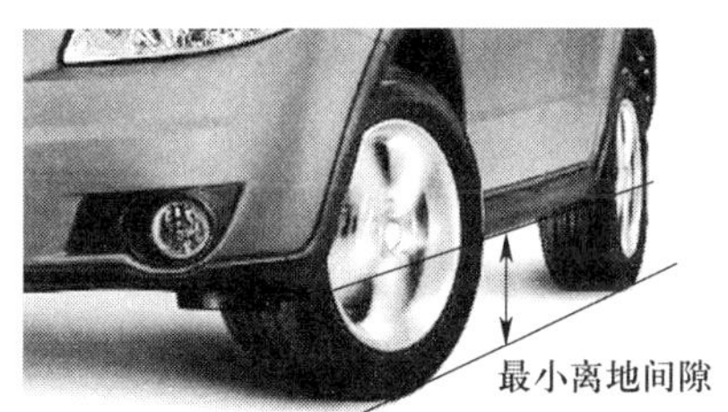


图 1–14　最小离地间隙

图 1–15　汽车接近角和离去角

图 1–16　汽车转弯半径和爬坡度

### 3. 其他参数

（1）最高车速（km/h）：指汽车在平直道路上行驶时能达到的最大速度。

（2）最大爬坡度（%）：指汽车满载时的最大爬坡能力，如图 1–16 所示。

（3）平均燃料消耗量（L/100 km）：指汽车在道路上行驶每百千米时的平均燃料消耗量。

（4）车轮数和驱动轮数（$n \times m$）：车轮数以轮毂数为计量依据，$n$ 代表汽车的车轮总数，$m$ 代表驱动轮数。

# 第 2 章 汽车发动机基础

## 第 1 节 发动机概述

### 一、发动机的分类

发动机是汽车的动力源，按照不同的分类方法可分为不同的类型。

**1. 按所用燃料分类**

汽车所用的燃料包括汽油、柴油以及代用燃料（如甲醇、乙醇、液化气）。以汽油为燃料的发动机称为汽油机，以柴油为燃料的发动机称为柴油机，以液化气为燃料的发动机称为液化气发动机。

**2. 按工作循环的行程数分类**

按发动机完成一个工作循环所需活塞的行程数，发动机一般分为四冲程发动机和二冲程发动机。四冲程发动机是活塞运行四个行程，即曲轴转两圈，气缸内完成一个工作循环；二冲程发动机是活塞运行两个行程，即曲轴转一圈，气缸内完成一个工作循环。

**3. 按冷却方式分类**

发动机按冷却方式可分为水冷式发动机和风冷式发动机，如图 2–1 所示。

现代汽车发动机大多采用水冷式发动机，并且用冷却液代替水作为冷却介质。这既可防止发动机过热，又可防止冬季因水结冰而损坏发动机。

**4. 按点火方式分类**

发动机按点火方式可分为点燃式发动机和压燃式发动机。点燃式发动机利用火花塞发出的电火花强制点燃混合气，使混合气着火燃烧，如汽油发动机、液化气发动机；压燃式发动机利用气缸内空气被压缩后产生的高温使混合气自燃，如柴油机。

图 2-1　发动机按冷却方式分类
a）水冷式发动机　b）风冷式发动机

### 5. 按可燃混合气形成的方式分类

发动机按可燃混合气形成的方式可分为在气缸外部形成混合气和在气缸内部形成混合气的内燃机。气缸外部形成混合气的内燃机是燃料和空气在气缸外先混合然后进入气缸；气缸内部形成混合气的内燃机是燃料在临近压缩终了时才喷入气缸，在气缸内与空气混合。

### 6. 按进气方式分类

发动机按进气方式可分为自然吸气式发动机和增压式发动机（强制进气发动机）两种。自然吸气式发动机是空气靠活塞的抽吸作用进入气缸内；增压式发动机为了增大发动机功率，在发动机上装有增压器，使进入气缸的气体预先经过增压器压缩后再进入气缸。

### 7. 按气缸数目分类

发动机按气缸数目可分为单缸发动机和多缸发动机，如图 2-2 所示。

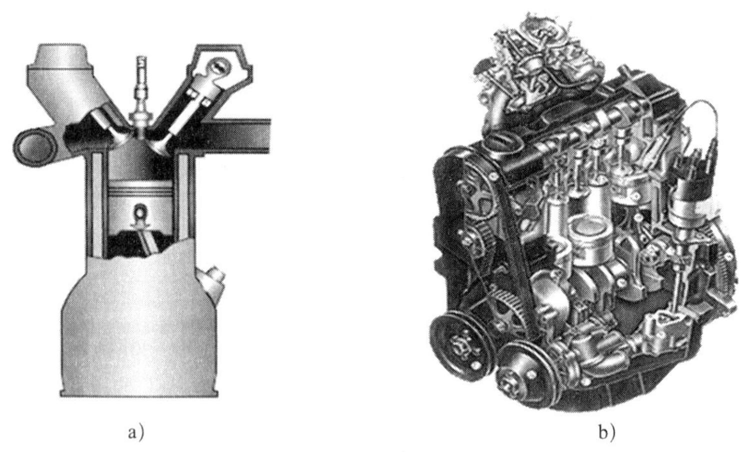


图 2-2　发动机按照气缸数分类
a）多缸发动机　b）单缸发动机

### 8. 按气缸的排列形式分类

发动机按气缸的排列形式可分为单列式发动机和双列式发动机。单列式发动机的各个气缸排成一列，一般布置成垂直的，如图 2–3a 所示；但有时为了降低高度，也会把气缸布置成倾斜的甚至水平的。双列式发动机把气缸排成两列，两列之间的夹角小于 180°（一般为 90°），称为 V 型发动机，如图 2–3b 所示；若两列之间的夹角等于 180°，则称为对置式发动机，如图 2–3c 所示。

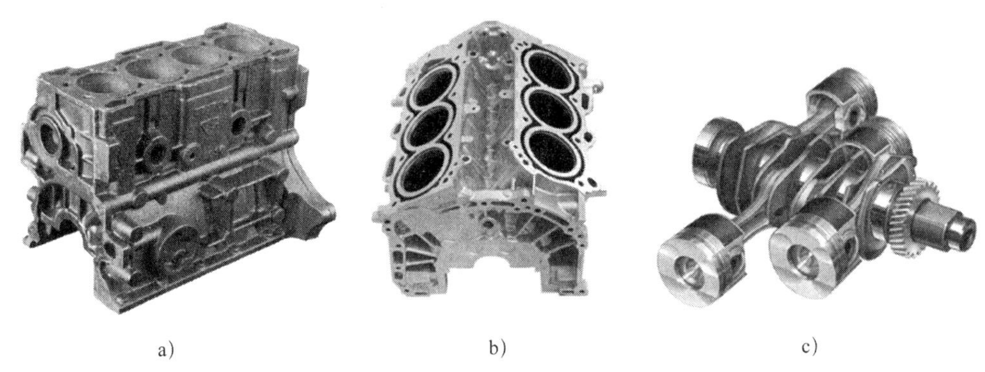

a)　　b)　　c)

图 2–3　按气缸的排列形式分类

a）直列式发动机　b）V 型发动机　c）对置式发动机

### 9. 按活塞运动方式分类

发动机按活塞运动方式可分为往复活塞式发动机和转子发动机。以上介绍的都属于往复活塞式发动机，工作时活塞在气缸内做往复直线运动，利用曲柄连杆机构将活塞的直线运动转化为曲轴的旋转运动。转子发动机则不同，相当于活塞的三角形转子在壳体内做偏心回转运动，直接将可燃混合气的燃烧膨胀转化为发动机的输出转矩。因此，可以认为转子发动机就是活塞做回转运动的发动机。

与往复活塞式发动机相比，转子发动机具有结构紧凑、质量小、回转平稳、噪声低等优点。

## 二、发动机的组成

发动机是一部由许多机构和系统组成的复杂机器。现代汽车发动机的形式很多，常用的汽油机与柴油机的结构和组成也有所不同。

### 1. 汽油机的组成

汽油机由两大机构和五大系统组成，即曲柄连杆机构、配气机构、燃料供给系统、润滑系统、冷却系统、启动系统、点火系统。汽油机的组成及功用见表 2–1。

发动机的各机构和系统相互配合、协调工作，源源不断地输出机械能。

### 2. 柴油机的组成

柴油机由两大机构和四大系统组成。柴油机的点火方式为压燃式，与汽油机相比，柴油机不需要点火系统，其机体和曲柄连杆机构、配气机构、润滑系统、冷却系统、启动系统与汽油机基本相同，但燃料供给系统与汽油机不同。

车用四冲程柴油机燃料供给系统主要由柴油箱、输油泵、柴油滤清器、高压油泵、

表 2–1　汽油机的组成及功用

| 名称 | 功用 |
| --- | --- |
| 曲柄连杆机构 | 将燃料燃烧时产生的热能转变为活塞往复运动的机械能，再通过连杆将活塞的往复直线运动变为曲轴的旋转运动而对外输出动力 |
| 配气机构 | 定时开、闭气门，使可燃混合气或空气及时充入气缸，及时从气缸内排出废气 |
| 燃料供给系统 | 按照发动机要求，定时、定量供给所需要的燃料，并将燃料燃烧后的废气排出气缸 |
| 润滑系统 | 润滑、减磨、延长零部件使用寿命，同时具有密封、清洁、冷却的作用 |
| 冷却系统 | 保持发动机在适宜的温度下工作 |
| 启动系统 | 启动发动机 |
| 点火系统 | 在规定的时刻准时点燃汽油机气缸内的可燃混合气 |

调速器、喷油器、空气滤清器、进气装置、排气装置等组成。增压柴油机进气系统还装有废气涡轮增压器，利用排放的废气驱动涡轮旋转，涡轮与进气系统中的空气压缩机连为一体，带动压缩机工作，通过增加进气量来提高发动机的功率。目前广泛采用的废气涡轮增压器可以使发动机的功率提高 20% ~ 30%。

## 三、发动机的基本术语

发动机常用的基本术语如图 2–4 所示。

### 1. 上止点

活塞在离曲轴回转中心最远处时，活塞顶面所对应的位置称为上止点，即活塞顶部上行到最高点的位置。此时，活塞的运动速度为零。

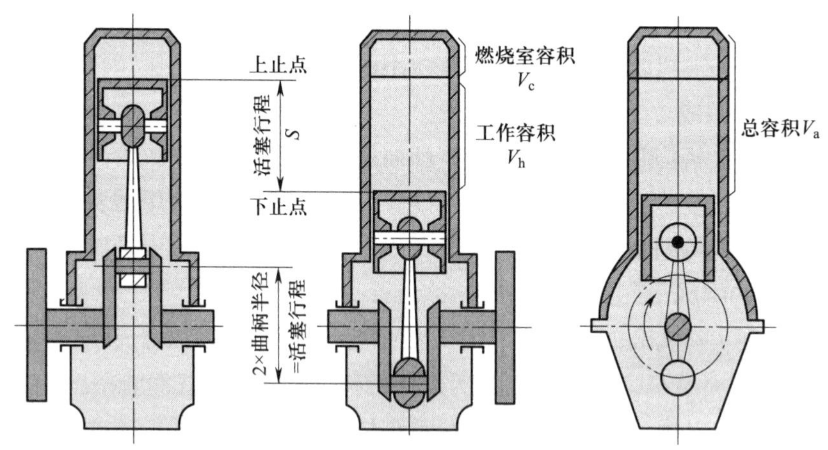


图 2–4　发动机基本术语

### 2. 下止点

活塞在离曲轴回转中心最近处时，活塞顶面所对应的位置称为下止点，即活塞顶部下行到最低点的位置。此时，活塞的运动速度为零。

### 3. 活塞行程 $S$（mm）

活塞由一个止点运动到另一个止点的距离称为活塞行程，用 $S$ 表示。

### 4. 曲柄半径 $R$（mm）

曲轴上曲柄销的中心线（连杆轴颈轴线）到曲轴回转中心线（主轴颈轴线）的距离称为曲柄半径，用 $R$ 表示。活塞行程等于两倍的曲柄半径，即 $S=2R$。

### 5. 气缸工作容积 $V_h$（L）

活塞从一个止点运动到另一个止点所扫过的容积称为气缸工作容积，用 $V_h$ 表示。气缸工作容积 $V_h$ 可用下式计算：

$$V_h=\frac{\pi D^2}{4\times 10^6}S$$

式中　$D$——气缸直径，mm；

$S$——活塞行程，mm。

### 6. 发动机排量 $V_L$（L）

多缸发动机中，各气缸工作容积之和称为发动机工作容积，即发动机排量，用 $V_L$ 表示。

$$V_L=V_h i=\frac{\pi D^2}{4\times 10^6}Si$$

式中　$i$——气缸数。

### 7. 燃烧室容积 $V_c$（L）

活塞在上止点时，活塞顶面上方与气缸盖底面之间形成的容积称为燃烧室容积，用 $V_c$ 表示。

### 8. 气缸总容积 $V_a$（L）

活塞在下止点时，活塞顶面上方与气缸盖底面之间形成的容积称为气缸总容积，用 $V_a$ 表示。气缸总容积 $V_a$ 等于气缸工作容积 $V_h$ 与燃烧室容积 $V_c$ 之和，即：

$$V_a=V_h+V_c$$

### 9. 压缩比 $\varepsilon$

气缸总容积与燃烧室容积的比值称为压缩比，用 $\varepsilon$ 表示，即：

$$\varepsilon=\frac{V_a}{V_c}=\frac{V_h+V_c}{V_c}=1+\frac{V_h}{V_c}$$

压缩比表示活塞由下止点运动到上止点时，气缸内的气体被压缩的程度。压缩比越大，气体的体积被压缩得越小，压缩终了时气体的压力和温度就越高，发动机燃烧后产生的作用力就越大，发动机的功率也越大，但过大的压缩比会影响发动机的正常工作。因此，汽油机的压缩比在 6 ~ 13 之间，柴油机的压缩比在 16 ~ 22 之间。





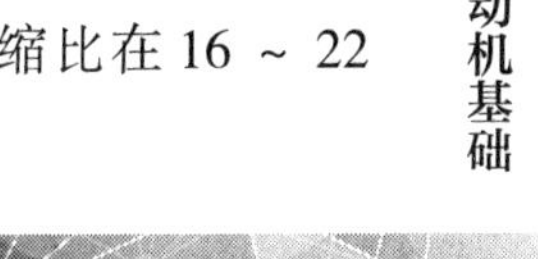

### 10. 工作循环

在气缸内进行的每一次将燃料燃烧的热能转化为机械能的过程称为工作循环。活塞经过四个行程完成一个工作循环的发动机称为四冲程发动机；活塞经过两个行程完成一个工作循环的发动机称为二冲程发动机。

## 四、发动机工作原理

一般来说，汽车采用四冲程发动机，摩托车采用二冲程发动机，故下面只介绍四冲程发动机工作原理。

### 1. 四冲程汽油机的工作原理

（1）进气行程（见图 2–5）。活塞从上止点向下止点运动，排气门关闭，进气门打开，进气过程开始；活塞下移，气缸内容积增大，压力减小；当压力低于大气压时，在气缸内产生真空吸力，空气和汽油的混合气体通过进气门进入气缸，在气缸内进一步形成混合气。

（2）压缩行程（见图 2–6）。曲轴继续旋转，活塞从下止点向上止点运动，这时进气门和排气门都关闭，气缸成为封闭容器，可燃混合气受到压缩，压力和温度不断升高，当活塞到达上止点时压缩行程结束。

图 2–5　进气行程

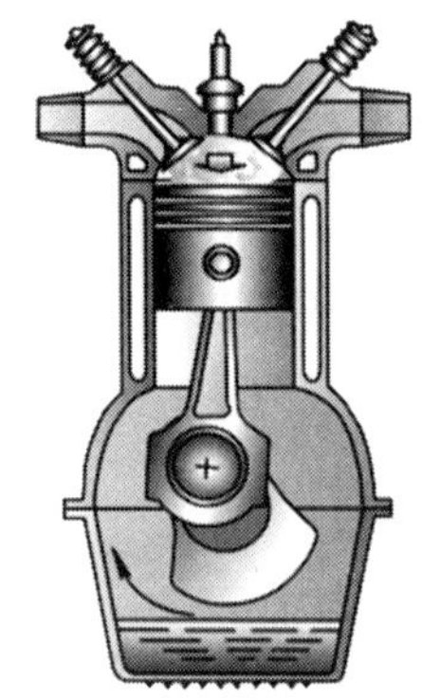

图 2–6　压缩行程

（3）做功行程（见图 2–7）。当活塞位于压缩行程接近上止点位置时，火花塞产生电火花，点燃可燃混合气；可燃混合气燃烧后放出大量的热使气缸内气体温度和压力急剧升高，高温、高压气体膨胀，推动活塞从上止点向下止点运动，通过连杆使曲轴旋转并输出机械功。

（4）排气行程（见图 2–8）。当做功接近终了时，排气门开启，进气门仍然关闭，靠废气的压力先进行自由排气；活塞到达下止点再向上止点运动时，继续把废气强制排出到大气中；活塞越过上止点后，排气门关闭，排气行程结束。

### 2. 四冲程柴油机的工作原理

四冲程柴油机和四冲程汽油机的工作过程相似，每一个工作循环同样包括进气、压缩、做功和排气四个行程（见图 2–9），但由于柴油机使用的燃料是柴油，柴油黏度大，不易蒸发，自燃温度低，故柴油机可燃混合气的着火方式是压燃式。

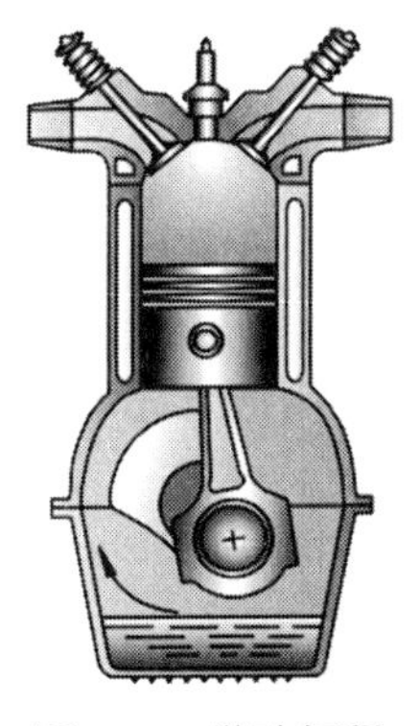

图 2-7　做功行程

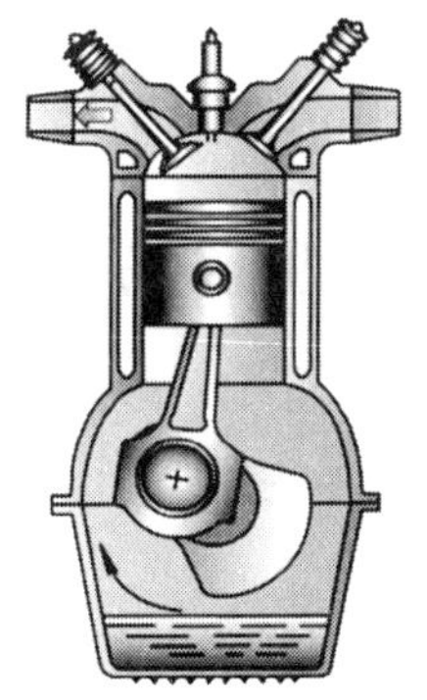

图 2-8　排气行程

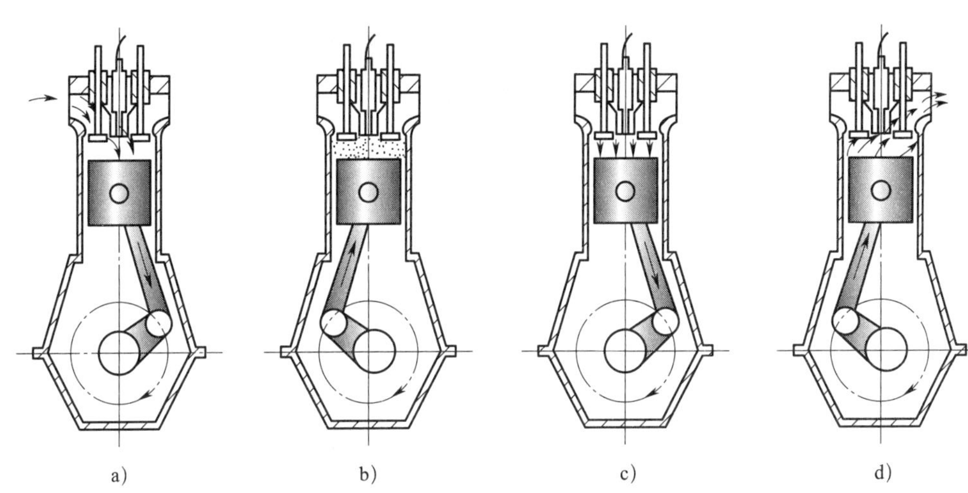


图 2-9　四冲程柴油机的工作原理

a）进气行程　b）压缩行程　c）做功行程　d）排气行程

四冲程柴油机在进气行程和压缩行程中都是纯空气而不是可燃混合气，在压缩行程接近上止点时，喷油器将高压柴油以雾状喷入燃烧室，柴油和空气在气缸内形成可燃混合气并着火燃烧。

# 第 2 节　曲柄连杆机构



## 一、曲柄连杆机构的功能

曲柄连杆机构是发动机实现工作循环、完成能量转换的机构。在做功行程中，活塞受燃气压力的作用在气缸内做直线运动，通过连杆使曲轴做旋转运动，并通过曲轴对外输出机械功。而在进气、压缩和排气行程中，飞轮释放能量又把曲轴的旋转运动转化为活塞的直线运动。汽车发动机一般采用多缸直列或 V 型发动机，多缸发动机曲



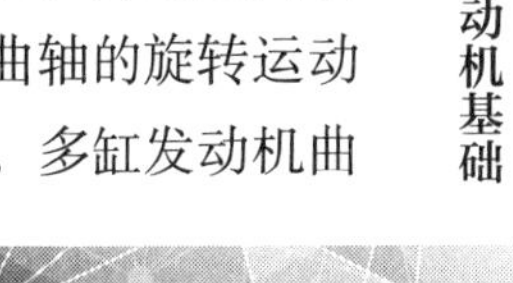

柄连杆机构的形式取决于气缸数量与气缸的布置形式，不同缸数、结构的发动机，其曲柄连杆机构的结构有所不同。

## 二、曲柄连杆机构的组成

曲柄连杆机构一般由气缸体与曲轴箱组、活塞连杆组、曲轴飞轮组三部分组成，如图 2–10 所示。

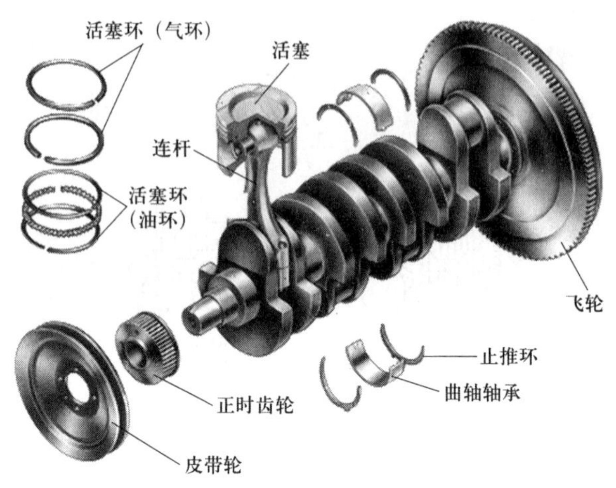

图 2–10　曲柄连杆机构的组成

### 1. 气缸体与曲轴箱组

水冷发动机的气缸体和上曲轴箱常铸成一体，气缸体一般用灰铸铁或铝合金铸成，上部的圆柱形空腔称为气缸，下半部为支承曲轴的曲轴箱，其内腔为曲轴运动的空间，如图 2–11 所示为气缸体与曲轴箱组。

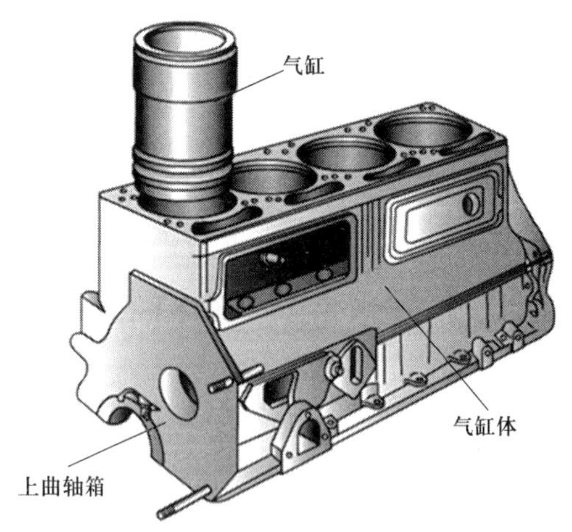

图 2–11　气缸体与曲轴箱组

### 2. 活塞连杆组

活塞连杆组由活塞、活塞环、活塞销、连杆等机件组成，如图 2–12 所示。

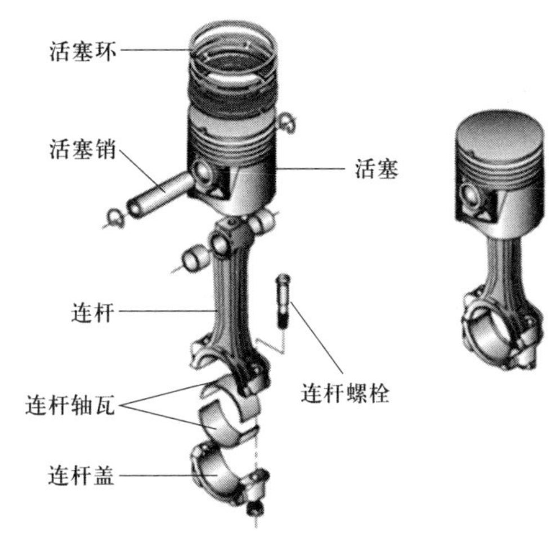


图 2-12　活塞连杆组

### 3. 曲轴飞轮组

曲轴承受连杆传来的力，使其绕本身轴线旋转，然后通过飞轮输出力矩；曲轴还用来驱动发动机的配气机构及其他辅助装置，如图 2-13 所示。

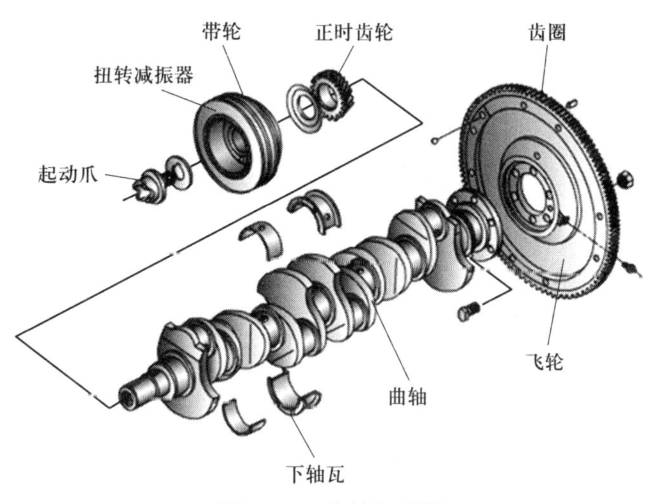


图 2-13　曲轴飞轮组

# 第 3 节　配 气 机 构

## 一、配气机构的功能

配气机构的功能是按照发动机每一气缸内所进行的工作循环或发火次序的要求，定时开启和关闭各气缸的进气门与排气门，使新鲜可燃混合气（汽油机）或空气（柴





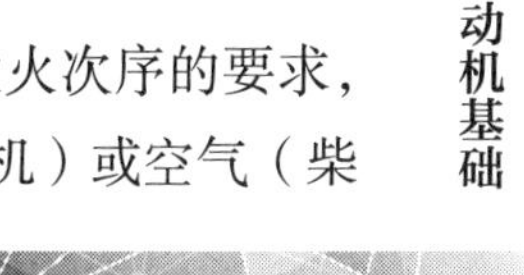

油机）得以及时进入气缸，废气得以及时从气缸排出。

## 二、配气机构的布置形式

配气机构的布置形式按凸轮轴的位置可分为凸轮轴下置式、凸轮轴中置式和凸轮轴上（顶）置式（见表 2–2）。

表 2–2　凸轮轴的位置形式

| 名称 | 图示 | 说明 |
| --- | --- | --- |
| 凸轮轴下置式 | 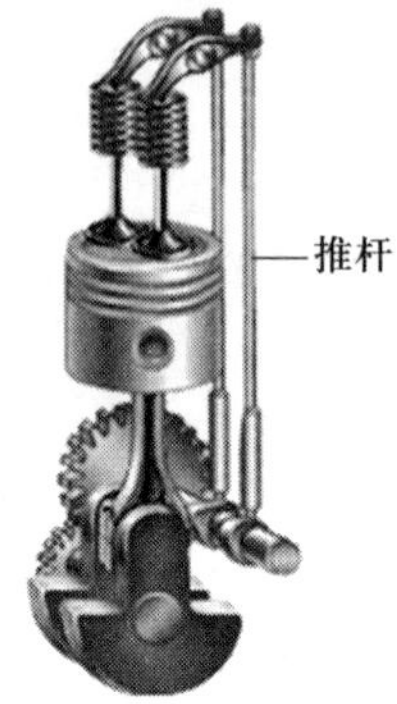 推杆 | 凸轮轴位于气缸体的下部，气门和凸轮轴相距较远，因而气门传动零件较多，结构较复杂，发动机高度也有所增加 |
| 凸轮轴中置式 | 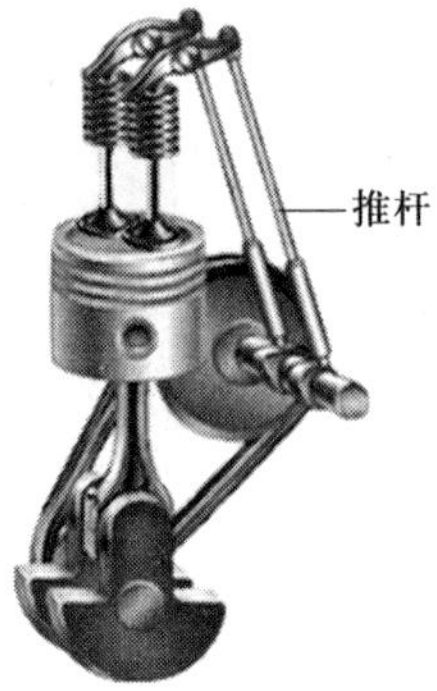 推杆 | 凸轮轴位于气缸体的中部，由凸轮轴经过推杆直接驱动摇臂，和凸轮轴下置式配气机构相比，只是推杆较短而已。 |
| 凸轮轴上置式 | 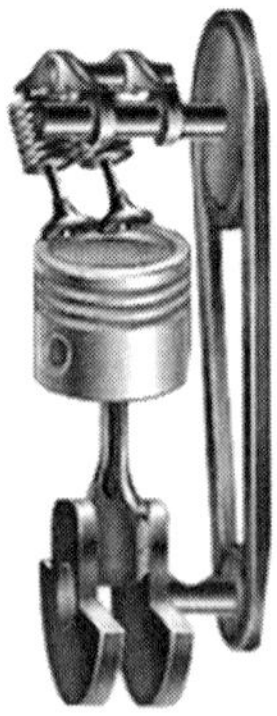  | 凸轮轴位于气缸盖上，有两种结构：一种是凸轮轴直接通过摇臂驱动气门，无挺柱，无推杆，适于高速发动机；另一种是凸轮轴直接驱动气门或带液压挺柱的气门，特别适用于高速发动机 |

按传动方式可以分为齿轮传动、链传动和正时带（又称同步带）传动（见表 2–3）。其中气门顶置、凸轮轴上置式配气机构在现代汽车发动机上应用广泛，传动方式一般为正时带传动或链传动。

表 2-3　凸轮轴传动方式

| 名称 | 图示 | 说明 |
| --- | --- | --- |
| 正时带传动 | | 多用于凸轮轴上置式配气机构。传动平稳，噪声小，质量小，不需要润滑，制造成本低，被越来越多的汽车发动机特别是乘用车发动机所采用 |
| 链传动 | 凸轮链轮<br>导链板<br>驱动油泵的链轮<br>液压张紧装置<br>曲轴链轮 | 一般用于中置式或上置式凸轮轴的发动机上。为了防止链条抖振，设有导链板和张紧装置，张紧装置有机械式和液压式两种 |
| 齿轮传动 | 凸轮轴正时齿轮<br>正时标记<br>曲轴正时齿轮 | 多用于下置式凸轮轴的驱动。汽油机用一对正时齿轮传动；柴油机凸轮轴与曲轴中心距较大，需加入中间惰轮传动。正时齿轮上有正时记号，装配时必须使记号对齐，以保证配气正时 |

## 三、配气机构的组成

配气机构主要由气门组和气门传动组两部分组成。如图 2-14 所示为桑塔纳 2000AJR 发动机配气机构。

### 1. 气门组

气门组主要由气门锁片、气门弹簧座、气门弹簧、气门油封、气门导管、进气门座、排气门座、进气门、排气门等组成。

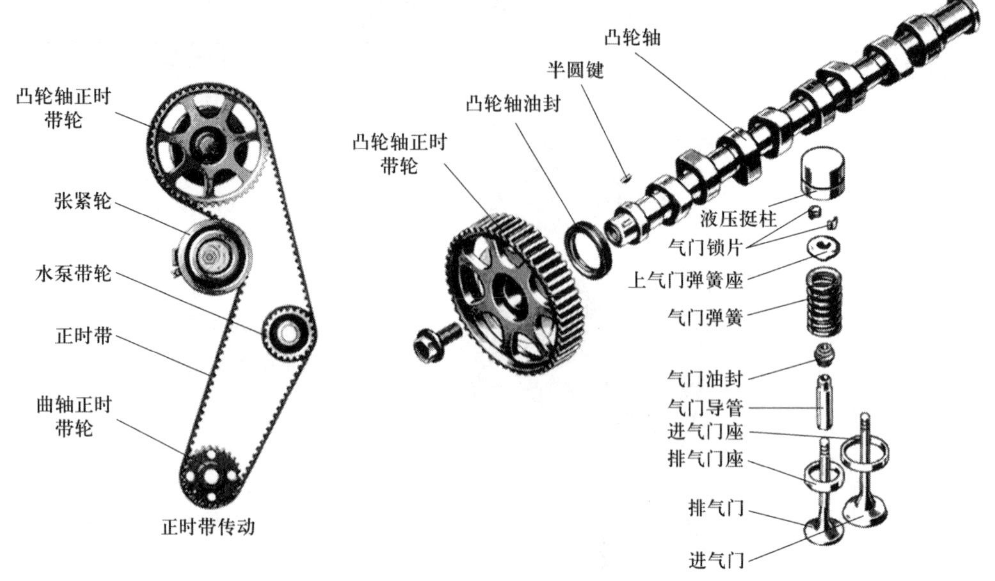


图 2–14　配气机构的组成

### 2. 气门传动组

气门传动组主要由液压挺柱、曲轴正时带轮、正时带、水泵带轮、张紧轮、凸轮轴正时带轮、凸轮轴油封、半圆键、凸轮轴等组成。

# 第 4 节　汽油机燃料供给系统

## 一、汽油机燃料供给系统的功能

汽油机以汽油为燃料。若想要燃料在发动机内迅速、完全燃烧，首先必须使汽油在进入气缸前喷成雾状和蒸发，与适量的空气均匀混合。将一定比例的汽油与空气均匀混合的混合物称为可燃混合气。可燃混合气中燃油含量的多少称为可燃混合气浓度。

汽油机燃料供给系统的功能是根据发动机各种不同工况的要求，配制出一定数量和浓度的可燃混合气，供入气缸，并在燃烧做功后将废气排入大气。

## 二、汽油机燃料供给系统的组成

汽油机燃料供给系统由进气装置、排气装置、燃油供给装置、电子控制装置组成，如图 2–15 所示。

### 1. 进气装置和排气装置

进气装置由空气滤清器和进气歧管等组成，其功能是尽可能多且均匀地向各缸供给

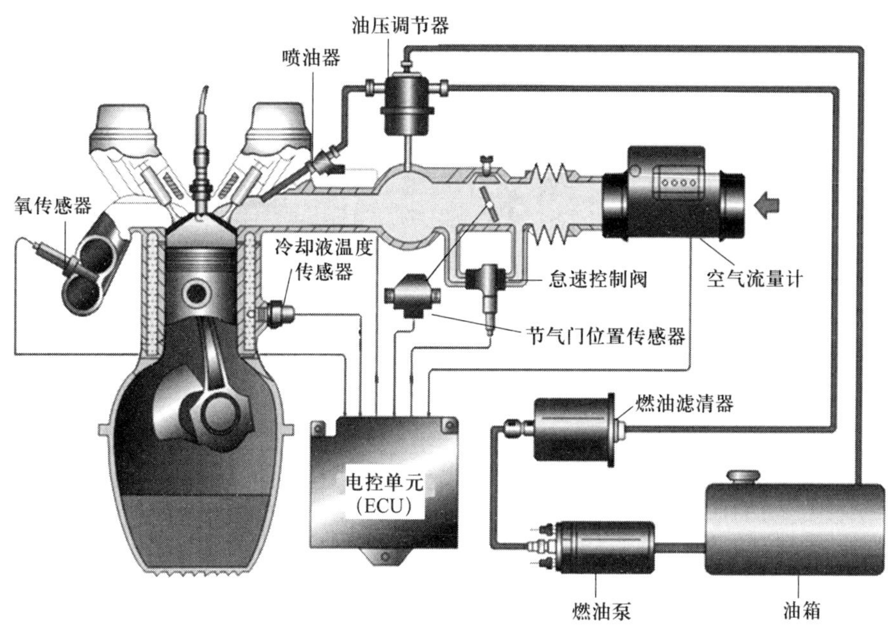


图 2–15　汽油机燃料供给系统

可燃混合气或纯空气。空气经空气滤清器过滤后，流过空气流量计，由进气道进入进气歧管，与喷油器喷出的汽油混合形成可燃混合气，经进气门进入气缸。

排气装置主要由排气管和消声器等组成，其功能是尽可能多地把燃烧后的废气排出气缸。如图 2–16 所示为发动机进气装置和排气装置。

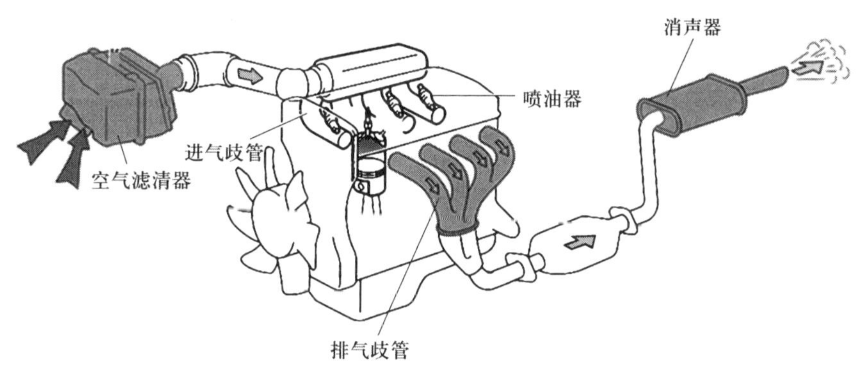


图 2–16　发动机进气装置和排气装置

### 2. 燃油供给装置

燃油供给装置是用来向气缸供给燃烧所需汽油的装置，主要由油箱、电动燃油泵、燃油滤清器、喷油器、燃油压力调节器和燃油分配管等组成，如图 2–17 所示。

### 3. 电子控制装置

发动机电子控制装置用于控制发动机点火、喷油、空燃比和尾气排放等，使发动机在最佳状态下工作，达到整车性能好、节约能源、降低尾气排放的目的。电子控制装置主要由传感器、电控单元（ECU）和执行器组成，如图 2–18 所示。

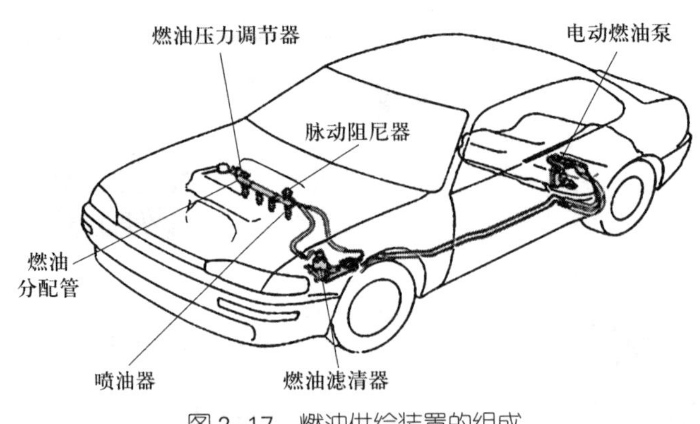

图 2-17　燃油供给装置的组成

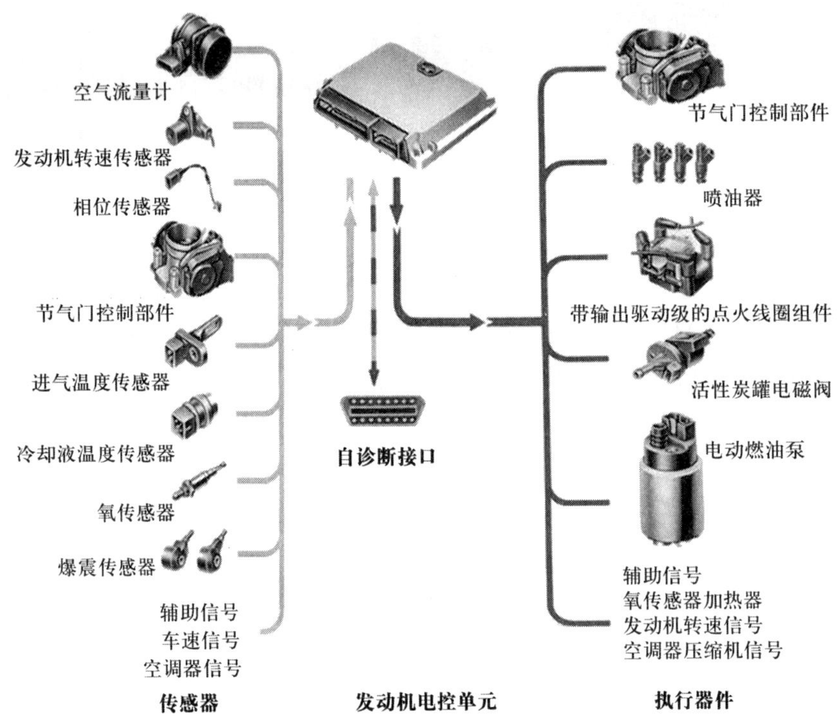

图 2-18　发动机电子控制装置的组成

# 第 5 节　柴油机燃料供给系统

## 一、柴油机燃料供给系统的功能

柴油机燃料供给系统的功能是储存、滤清和输送柴油，并根据柴油机不同工况的要求，将柴油定时、定量、定压以一定的喷油质量喷入燃烧室，使其与空气迅速而良好地混合并燃烧，最后使废气排入大气。

## 二、柴油机燃料供给系统的组成

柴油机燃料供给系统由燃油供给、空气供给、混合气形成及废气排出四套装置组成，其混合气形成装置为气缸燃烧室。柴油机燃料供给系统中的空气滤清器、进气管、排气管、排气消声器等部件的功能、构造和工作原理与汽油机燃料供给系统基本相同，但燃油供给装置与汽油机相比有较大差别。

柴油机燃油供给装置由油箱、输油泵、低压油管、燃油滤清器、油水分离器、喷油泵、高压油管、喷油器和回油管组成，如图 2-19 所示。为了保证柴油机运转稳定、工作可靠，柴油机燃油供给装置还装有与喷油泵制成一体的调速器。

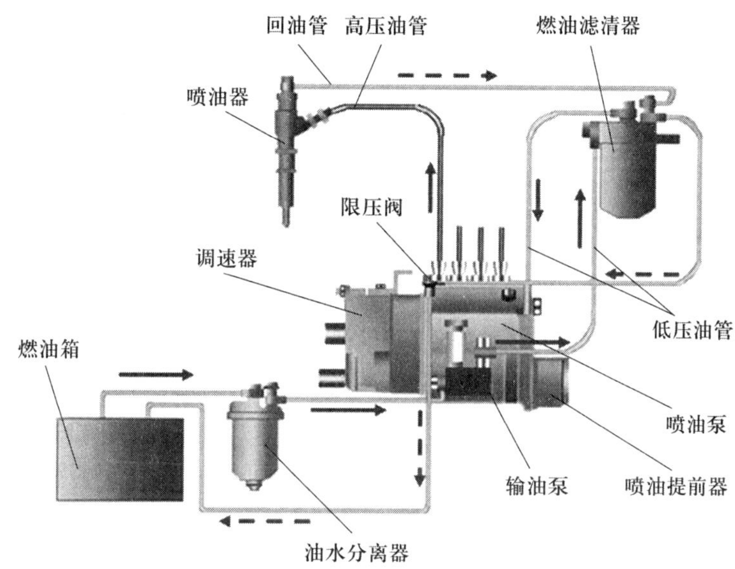


图 2-19　柴油机燃油供给装置的组成

柴油机燃油供给装置的油路分为高压油路和低压油路。

低压油路是从油箱到喷油泵入口的一段油路。油压是由输油泵建立的，压力一般为 0.15 ~ 0.3 MPa。

高压油路是从喷油泵到喷油器的一段油路。油压是由喷油泵建立的，压力一般在 10 MPa 以上。

## 三、柴油机电控燃油系统

柴油机电控燃油系统的开发研究从 20 世纪 70 年代开始，到目前为止，已先后出现了三代产品。

第一代产品是位置控制式电控燃油系统，其结构特点是将机械式调速器和提前器换成电子控制机构，而燃油的压送机构仍保留原来的结构。





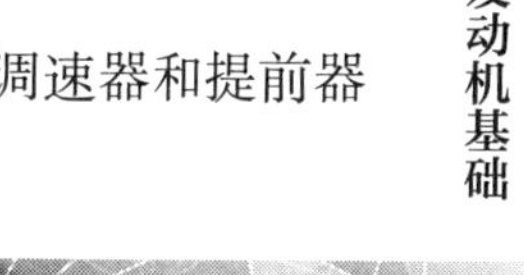

第二代产品是时间控制式电控燃油系统，其结构特点是通过高速电磁阀的开闭是否泄油来控制高压燃油的适时喷射，这种系统可以保留原来的喷油泵－油管－喷油器系统，也可以采用新型的产生高压的燃油系统。

第三代产品是燃油共轨式电控燃油系统，如图 2–20 所示，它代表着未来柴油机燃油系统的发展方向。

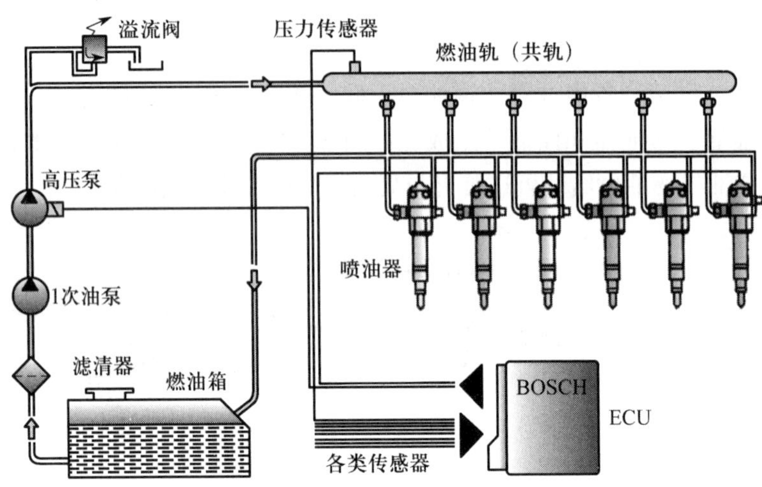


图 2–20　燃油共轨式电控燃油系统

该系统的结构特点是取消了传统的喷油泵－油管－喷油嘴系统，采用一个柴油机驱动的高压油泵，连续将高压燃油输送到共轨（燃油管是一个长管的密封容器，各缸喷油器都安装在此容器上，共同使用这一燃油轨，即共轨）内，并可以根据压力要求进行调节，使共轨内的高压燃油通向各缸的电控喷油器，如图 2–21 所示。

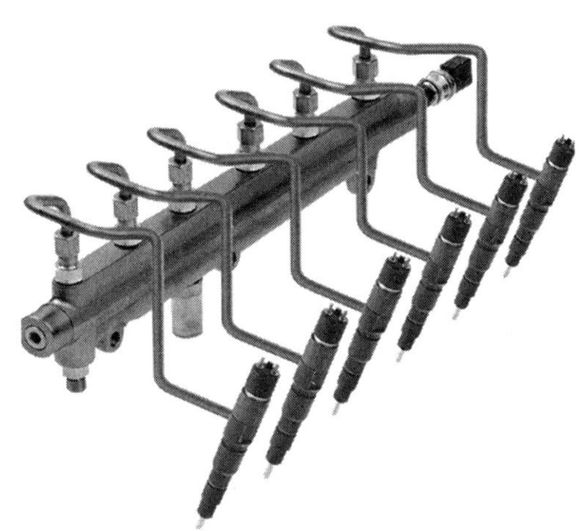

图 2–21　燃油共轨系统

# 第6节 冷却系统

## 一、冷却系统的功能

冷却系统的功能是将发动机中受热零件吸收的部分热量散发到大气中去，以保证发动机在最适宜的温度范围内工作。

## 二、冷却系统的组成

目前，汽车发动机上采用强制循环式水冷却系统。水冷却系统主要由散热器、水泵、风扇、水套（在气缸盖或气缸体上制出的夹层空间）、节温器、水管、水温表和传感器等组成，如图 2-22 所示。

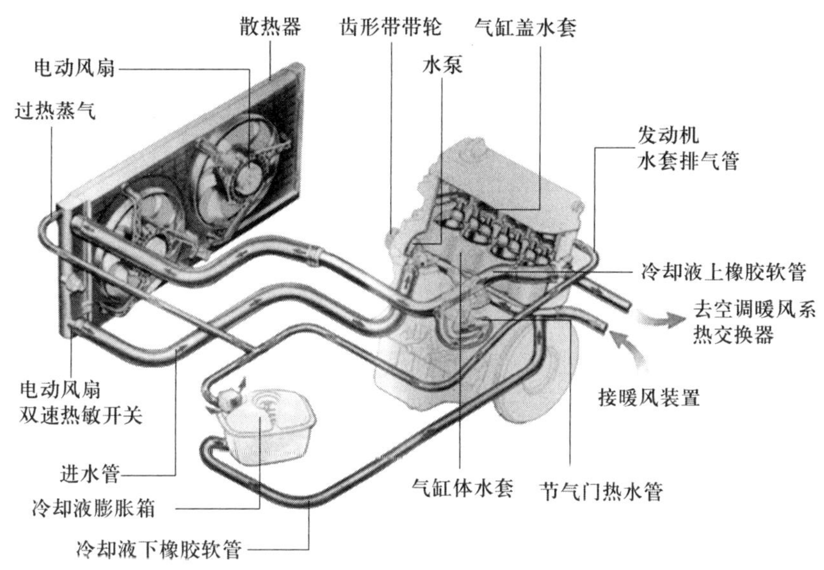


图 2-22　水冷却系统的组成

强制循环式水冷却系统是用水泵把该系统的冷却液加压，使之在水套中流动。冷却液从气缸壁吸收热量，温度升高，向上流入气缸盖，继而从气缸盖流出并进入散热器。

由于风扇的强力抽吸，空气从前向后高速流过散热器，不断将流经散热器的冷却液的热量带走。冷却后的冷却液由水泵重新泵入水套，实现冷却液在冷却系统中不断循环。

通常，冷却液在冷却系统内的循环流动路线有两条，一条为大循环，另一条为小循环，如图 2-23 所示。





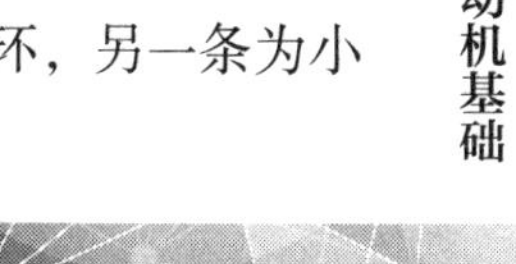

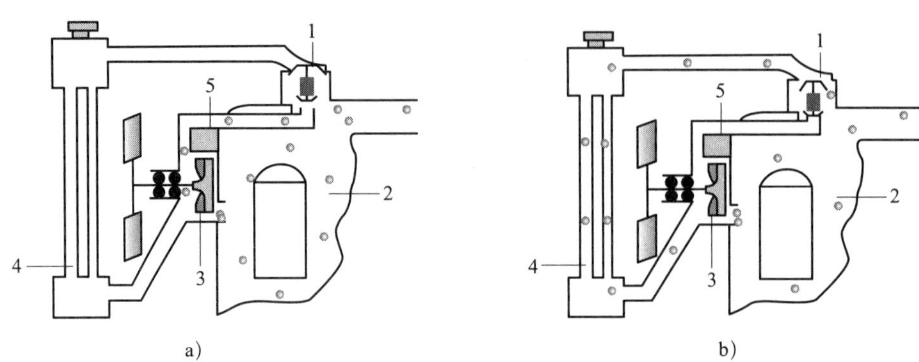


图 2-23 水冷却系统的大、小循环
a）冷却水的小范围循环 b）冷却水的大范围循环
1—双阀节温器 2—水套 3—水泵 4—散热器 5—旁通管

冷却液经水泵→水套→节温器后不经散热器，而直接由水泵压入水套的循环，称为水冷却系统的小循环。小循环水流路线短，散热强度小。

冷却液经水泵→水套→节温器→散热器后，再经水泵压入水套的循环，称为水冷却系统的大循环。大循环水流路线长，散热强度大。

# 第 7 节 润 滑 系 统

## 一、润滑系统的功能

### 1. 润滑

减少零件表面摩擦，降低磨损，延长零件使用寿命，降低发动机的摩擦功率损失。

### 2. 冷却

润滑油经过摩擦表面，可带走摩擦副产生的 6% ~ 14% 的热量，有助于维持零件正常的工作温度。

### 3. 清洗

润滑油冲洗零件表面，可带走零件磨损产生的磨屑和其他杂质。

### 4. 密封

润滑油的黏性可使其附着在互相运动零件之间的表面，提高了间隙密封效果。

### 5. 防锈蚀

润滑油具有防止零件生锈的功能。

## 二、润滑系统的润滑方式

润滑系统的润滑方式按润滑油供应方式不同可分为压力润滑和飞溅润滑。

压力润滑属于强制润滑，靠油泵以一定压力，将润滑油输送到摩擦表面上，形成油膜而起到润滑作用，主要用于曲轴主轴承、连杆轴承及凸轮轴轴承等承受负荷及相对运动速度较大的摩擦表面处的润滑。

飞溅润滑是利用发动机工作时运动零件飞溅起来的油滴或油雾润滑摩擦表面，主要用于相对滑动速度较小的零件，如活塞销以及配气机构的凸轮表面、挺柱等工作表面的润滑。

除润滑油润滑方式外，还有润滑脂润滑，即定期加注润滑脂润滑零件工作表面，如水泵及发电机轴承的润滑。

一般汽车发动机中，既存在压力润滑，又存在飞溅润滑，同时存在一定的润滑脂润滑。

## 三、润滑系统的组成及工作过程

润滑系统主要由集滤器、机油泵、机油滤清器、限压阀、旁通阀、机油压力传感器和主油道等组成，如图 2–24 所示。

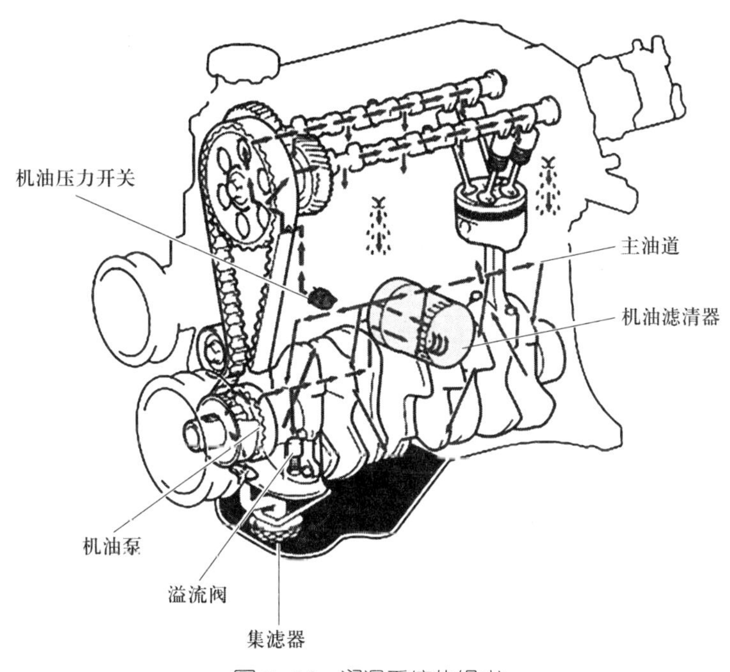


图 2–24　润滑系统的组成

发动机工作时，机油泵通过集滤器从油底壳中吸入机油，以防止大的杂质进到机油泵内。具有一定压力的机油进入机油滤清器进一步滤清，大部分进入发动机主油道，另一小部分首先进入凸轮轴的轴承，再进入气门机构，最后流回油底壳。

# 第3章 汽车底盘基础

## 第1节 传动系统

### 一、传动系统的功能和组成

汽车传动系统的基本功能是将发动机输出的动力传给驱动车轮。

汽车传动系统有机械式传动系统和液力机械传动系统。机械式传动系统广泛应用于各类汽车上。发动机输出的动力依次经过离合器、变速器以及由万向节和传动轴组成的万向传动装置，传至安装在驱动桥中的主减速器、差速器和半轴，最后传到驱动轮，如图 3–1 所示。

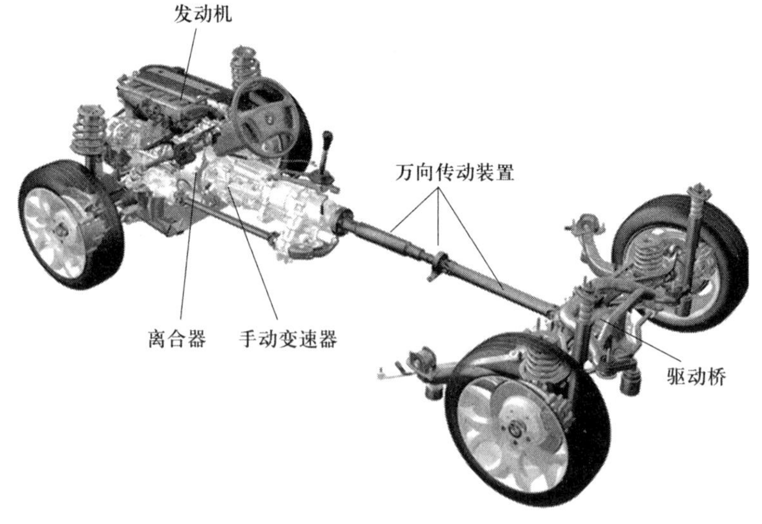


图 3–1 机械式传动系统

采用自动变速器的汽车传动系统就属于液力机械传动系统，由自动变速器、万向传动装置、驱动桥等组成，如图 3–2 所示。

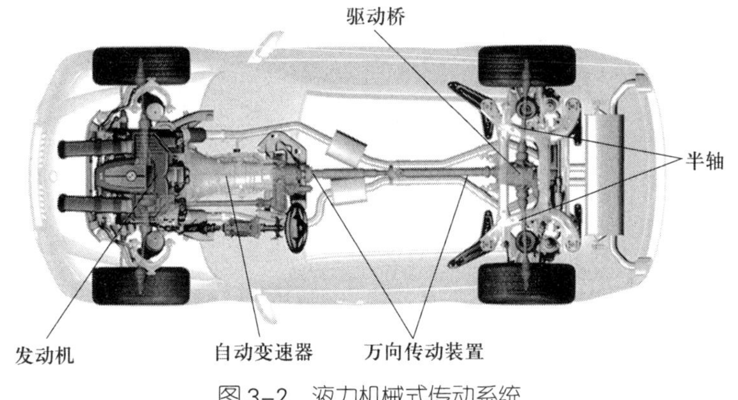


图 3–2　液力机械式传动系统

## 二、传动系统的布置形式

汽车传动系统的总体布置与发动机的位置及汽车的驱动方式有关，一般有发动机前置后轮驱动、发动机前置前轮驱动、发动机后置后轮驱动、发动机前置全轮驱动等。

### 1. 发动机前置后轮驱动

发动机布置在汽车前部，动力经过离合器、变速器、万向传动装置、驱动桥传到后驱动车轮，使汽车行驶，如图 3–3 所示。这是一种传统的布置形式，应用较为广泛。

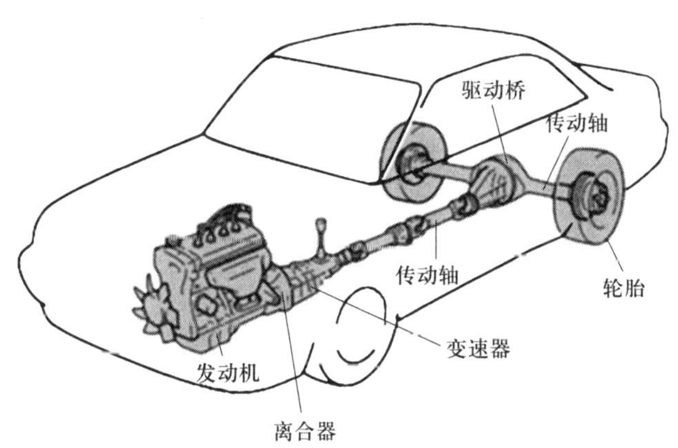


图 3–3　发动机前置后轮驱动

### 2. 发动机前置前轮驱动

发动机布置在汽车前部，动力经过离合器、变速器、驱动桥传到前驱动车轮，如图 3–4 所示。这种布置形式在变速器与驱动桥之间省去了万向传动装置，结构简单、紧凑，整车质量小，高速行驶时操纵稳定性好。

大多数乘用车都采用发动机前置前轮驱动布置形式，但这种布置形式的爬坡性能差，高级乘用车一般不采用，而是采用发动机前置后轮驱动形式。

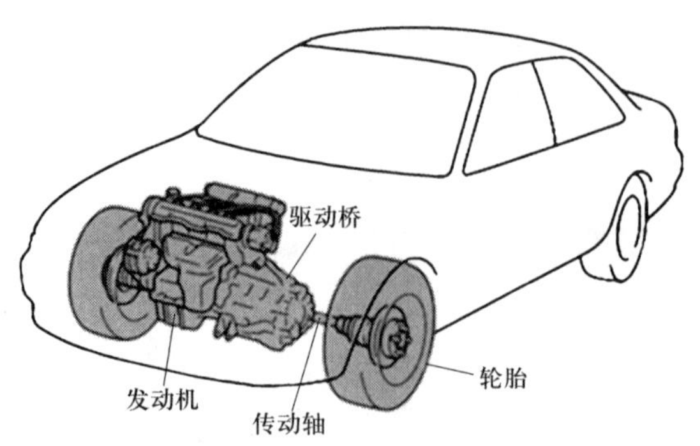


图 3-4　发动机前置前轮驱动

### 3. 发动机后置后轮驱动

发动机布置在汽车后部，动力经过离合器、变速器、角传动装置、万向传动装置、驱动桥传到后驱动车轮，使汽车行驶，如图 3-5 所示。这种布置形式便于车身内部的布置，一般用于大型客车。

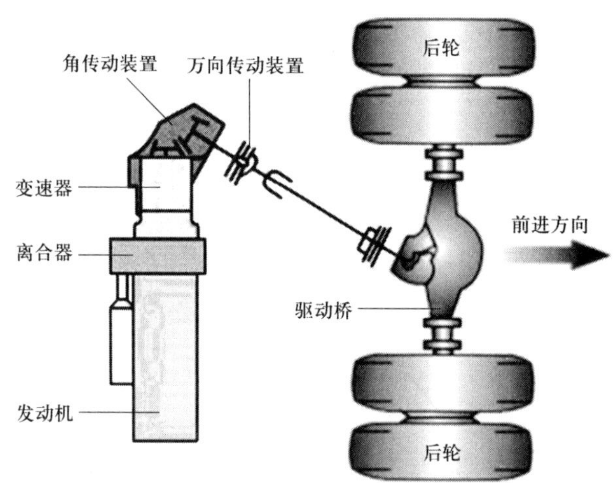


图 3-5　发动机后置后轮驱动

### 4. 发动机前置全轮驱动

发动机布置在汽车前部，动力经过离合器、变速器、分动器、万向传动装置分别到达前、后驱动桥，最后传到前、后驱动车轮，使汽车行驶，如图 3-6 所示。由于所有的车轮都是驱动车轮，提高了汽车的越野通过性能，一般越野乘用车采用这种布置形式。

## 三、传动系统的主要部件

### 1. 离合器

离合器位于发动机与变速器之间，如图 3-7 所示，其主动部分与发动机的飞轮连接，从动部分与变速器连接。在汽车从起步到行驶的整个过程中，驾驶员可根据需要踩下和松开离合器踏板，使发动机和变速器暂时分离或逐渐接合，以切断或传递发动机向变速器输出的动力。

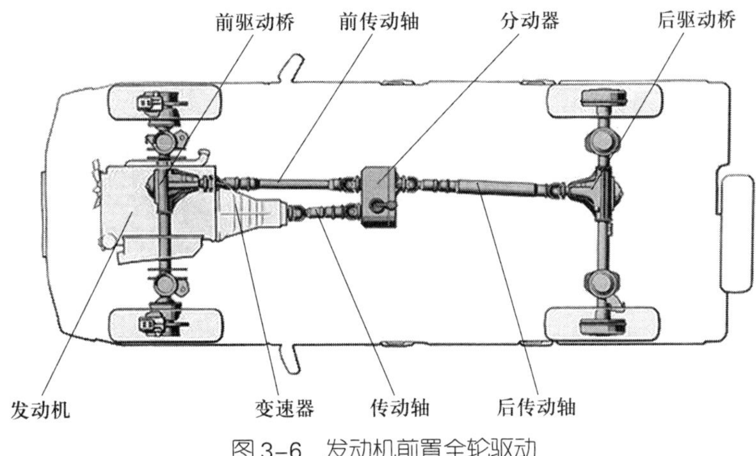


图 3–6　发动机前置全轮驱动

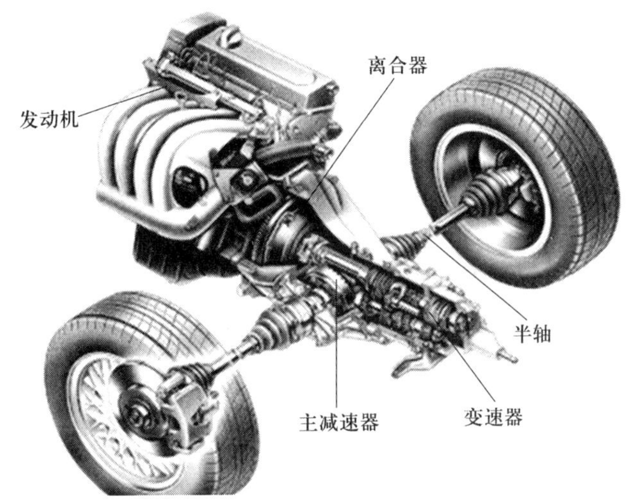


图 3–7　离合器的安装位置

现代汽车多采用螺旋弹簧离合器（见图 3–8）和膜片弹簧离合器（见图 3–9）。

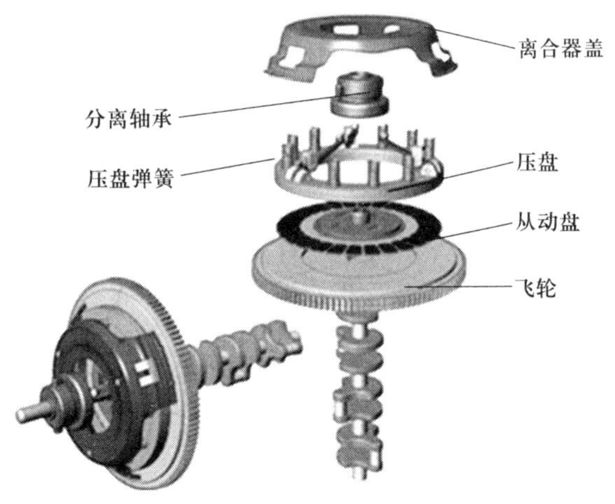


图 3–8　螺旋弹簧离合器

## 2. 变速器

变速器的功能是扩大发动机传到驱动轮上的转矩和转速的变化范围，以适应经常变化的行驶条件；在发动机旋转方向不变的前提下，使汽车倒向行驶；利用空挡，中断动力传递，使发动机启动、怠速运转或使汽车短暂停驶、滑行。

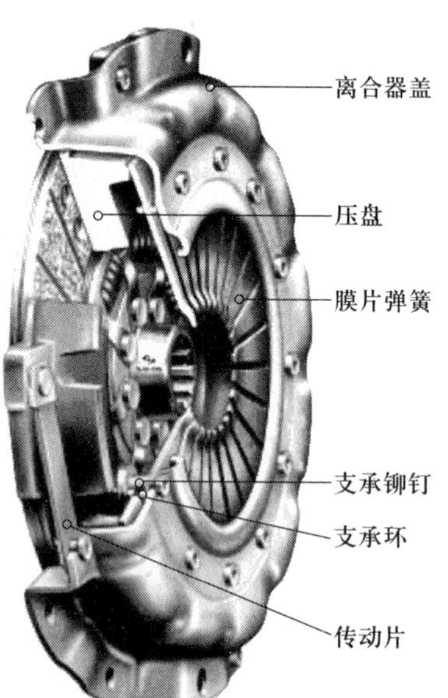

图 3–9　膜片弹簧离合器

变速器类型繁多，按操纵方式不同可分为手动变速器和自动变速器。手动变速器靠驾驶员直接操纵变速杆进行换挡，换挡机构简单，工作可靠，但操作复杂；自动变速器能根据汽车的运行状况自动换挡，不需要驾驶员操纵离合器，通过加速踏板控制车速，操作简单，但结构复杂。

变速器由变速传动机构和变速操纵机构组成。变速传动机构的主要作用是改变转矩、转速和旋转方向；变速操纵机构的主要作用是控制传动机构，实现变速器传动比的变换。

手动变速器分为二轴式变速器和三轴式变速器，见表 3–1。

**表 3–1　手动变速器的分类**

| 名称 | 图示 | 说明 |
|---|---|---|
| 二轴式变速器 | 输入轴<br>输出轴 | 二轴式变速器只有输入轴和输出轴，用于发动机前置前轮驱动的汽车，一般与前驱动桥合称为手动变速驱动桥 |
| 三轴式变速器 | 输入轴<br>输出轴<br>中间轴 | 三轴式变速器由壳体和支承轴承、输入轴、输出轴、中间轴、倒挡轴、同步器及轴上的齿轮组成 |

自动变速器主要由液力变矩器、齿轮变速器、油泵、控制系统（全液压式或电液控制式）等几个部分组成，如图 3–10 所示。

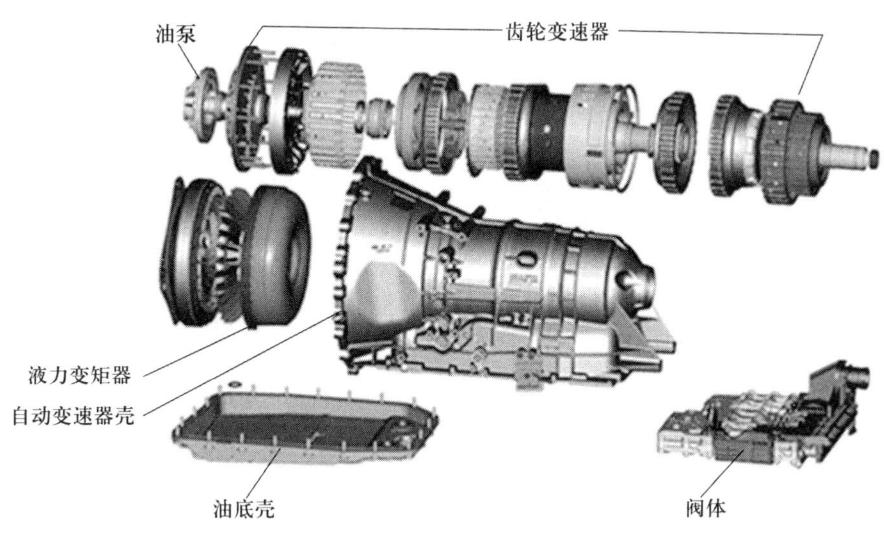


图 3–10　自动变速器的组成

### 3. 万向传动装置

万向传动装置的功能是在轴线相交且相对位置经常发生变化的两轴间传递动力，主要应用于连接变速器与驱动桥、分动器、转向驱动桥、断开式驱动桥及连接转向操纵机构等。

万向传动装置主要包括万向节和传动轴，对于传动距离较远的分段式传动轴，为了提高传动轴的刚度，还设置有中间支承，如图 3–11 所示。

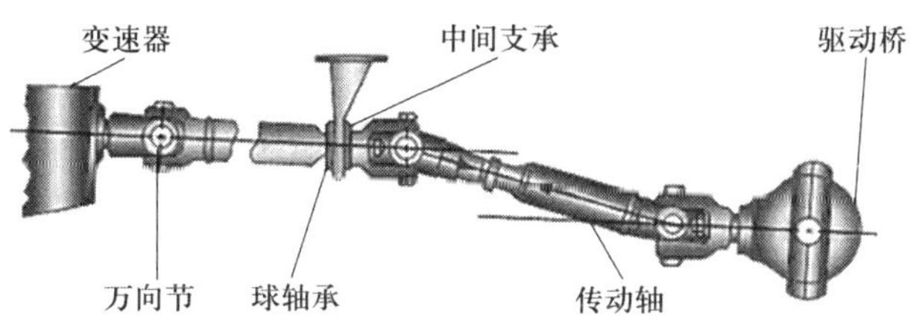


图 3–11　万向传动装置的组成

万向节一般分为刚性万向节和挠性万向节两种。刚性万向节可分为：不等速万向节、准等速万向节等速万向节。目前在汽车上应用较多的是不等速万向节（十字轴式刚性万向节）和等速万向节（球叉式和球笼式）。

传动轴是万向传动装置中的主要传力部件，通常用来连接变速器（或分动器）和驱动桥，在转向驱动桥和断开式驱动桥中，则用来连接差速器和驱动车轮。

### 4. 驱动桥

驱动桥的功能是降低转速、增大转矩，将万向传动装置输入的动力改变转动方向后，分配到左、右驱动轮，使汽车行驶，并且允许左、右驱动轮以不同转速旋转。

驱动桥主要由主减速器、差速器、桥壳和半轴等组成，如图 3–12 所示。

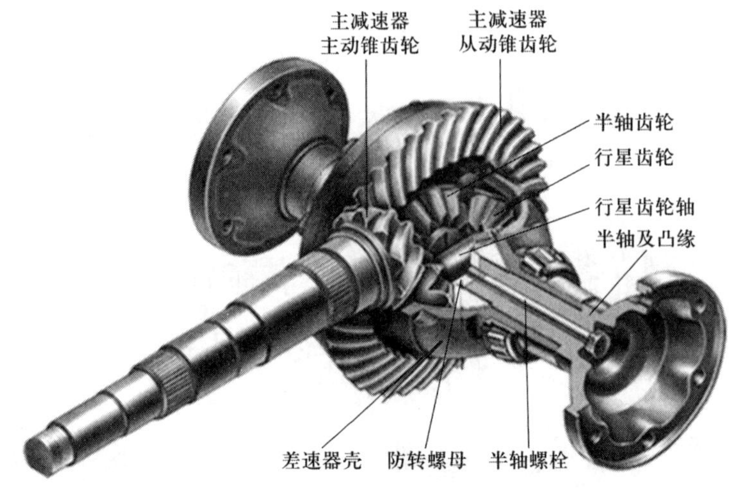


图 3–12　驱动桥的组成

主减速器的功能是先将变速器输出的转速进一步降低，增大转矩，并改变旋转方向，然后将其传递给驱动轮，以获得足够的汽车牵引力和适当的车速。主减速器有单级主减速器和双级主减速器两种。单级主减速器由一对双曲面齿轮及其支承装置组成，主要用于轻型汽车；双级主减速器的第一级为锥齿轮传动，第二级为圆柱斜齿轮传动，一般用于中型或重型汽车。

差速器的功能是将主减速器传来的动力传给左、右半轴，并在必要时允许左、右半轴以不同转速旋转，以满足两侧驱动轮差速的需要。

## 第 2 节　行 驶 系 统

汽车行驶系统一般由车架、车桥、车轮和悬架组成，如图 3–13 所示。车架是全车的装配基体，它将汽车的各相关总成连接成一整体。车轮经轮毂轴承安装在车桥上。为减少车辆在不平路面上行驶时车身所受到的冲击和振动，车桥又通过悬架与车架相连，这样行驶系统的各组成部分就连接成为一个整体。

### 一、车架

车架的功能是用来安装汽车的各总成和部件，使它们保持正确的相对位置，同时承受来自车上与地面的各种静载荷和动载荷。

汽车车架按其结构形式可分为边梁式、无梁式、中梁式、综合式。如图 3–14 所示为边梁式车架。

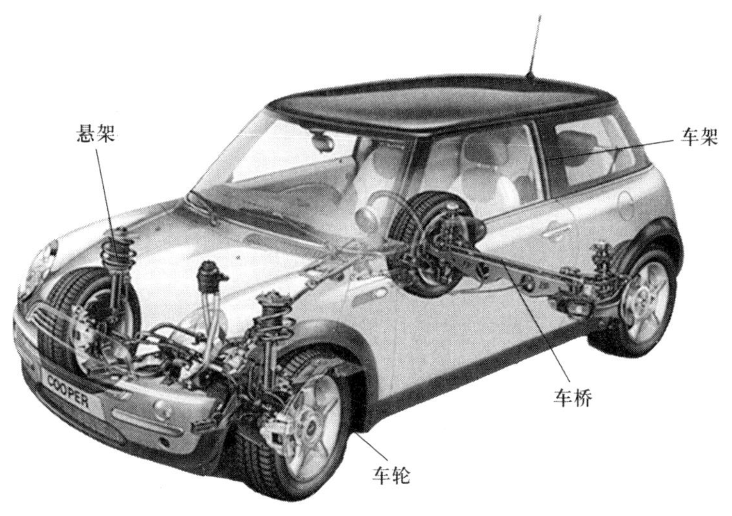

图 3-13　汽车行驶系

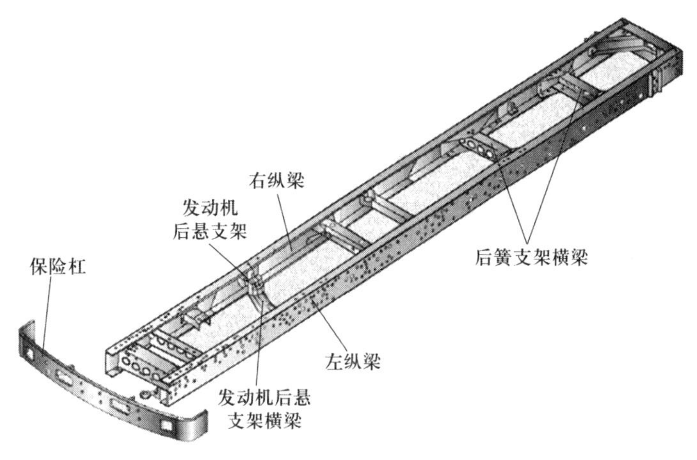

图 3-14　边梁式车架

## 二、车桥

车桥通过悬架与车架相连，两端安装车轮，其功能是传递车架与车轮之间的各种力和力矩。

车桥按配用悬架结构不同可分为整体式和断开式两种类型；按车桥上车轮的作用不同可分为转向桥、驱动桥、转向驱动桥和支持桥四种类型。

## 三、车轮定位

所谓车轮定位，就是汽车的每个车轮（或通过转向节）和车桥、车架的安装应保持一定的相对位置。传统车轮定位主要是指前轮定位，但越来越多的现代汽车同时对后轮进行定位，即四轮定位。前轮定位参数有主销后倾角、主销内倾角、前轮外倾角和前轮前束；后轮定位参数有后轮外倾角和后轮前束。这里主要介绍前轮定位参数。

### 1. 主销后倾角

主销在前轴上安装，其上端略向后倾斜，称为主销后倾。在纵向垂直平面内，主销轴线与垂线之间的夹角 γ 叫作主销后倾角，如图 3–15 所示。

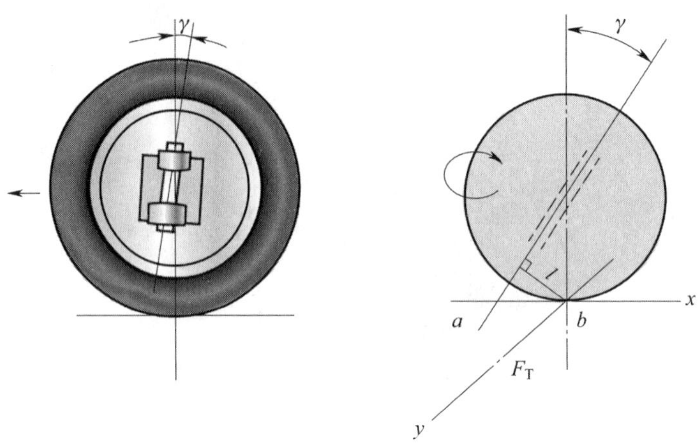


图 3–15　主销后倾角

主销后倾的作用是在汽车直线行驶时保持其方向稳定性，在汽车转向时使前轮自动回正。

### 2. 主销内倾角

主销在前轴上安装，其上端向内倾斜，称为主销内倾。在横向垂直平面内，主销轴线与垂线之间的夹角 β 叫作主销内倾角，如图 3–16 所示。

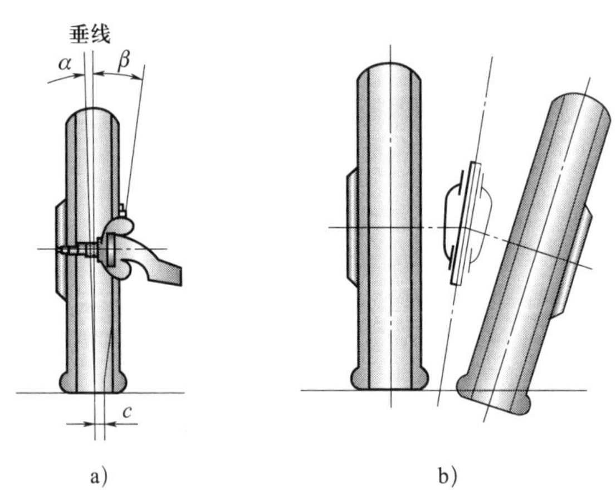


图 3–16　主销内倾角与前轮外倾角

a）主销内倾角　b）前轮外倾角

主销内倾的作用是使转向轮自动回正，转向较为轻便。

### 3. 前轮外倾角

前轮安装后，其上端略向外倾斜，称为前轮外倾。前轮的旋转平面与纵向垂直平

面之间的夹角 $\alpha$ 叫作前轮外倾角，如图 3–16 所示。

前轮外倾的作用是使转向轻便及提高前轮工作的安全性。

### 4. 前轮前束

前轮安装后，两前轮的旋转平面不平行，前端略向内收，这种现象称为前轮前束。两轮前端距离 $B$ 小于后端距离 $A$，其差值（$A-B$）即为前轮前束值，如图 3–17 所示。

前轮前束的作用是消除因前轮外倾导致的汽车行驶时向外张开的趋势，减少轮胎磨损和燃料消耗。

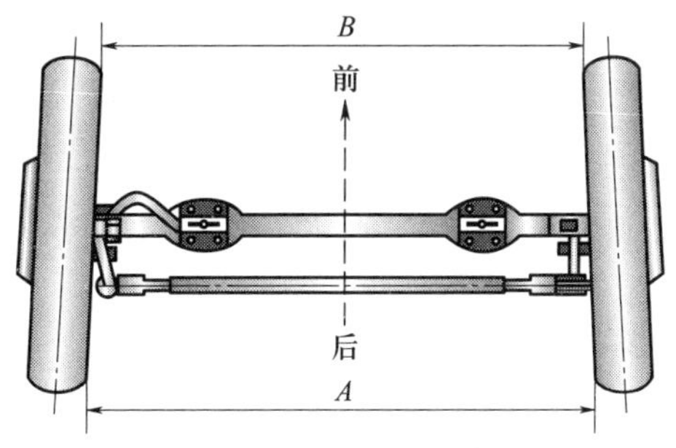


图 3–17　前轮前束

## 四、悬架

悬架就是车架（或车身）与车桥（或车轮）之间一切传力连接装置的总称。其作用是把路面作用于车轮上的垂直反力、纵向反力（牵引力和制动力）和侧向反力以及这些反力所生成的转矩传递到车架（或车身）上，减少汽车振动，保证汽车的正常行驶。

汽车悬架一般由弹性元件、减振器和导向机构（横向稳定杆、摆臂、纵向推力杆等）三部分组成，如图 3–18 所示。

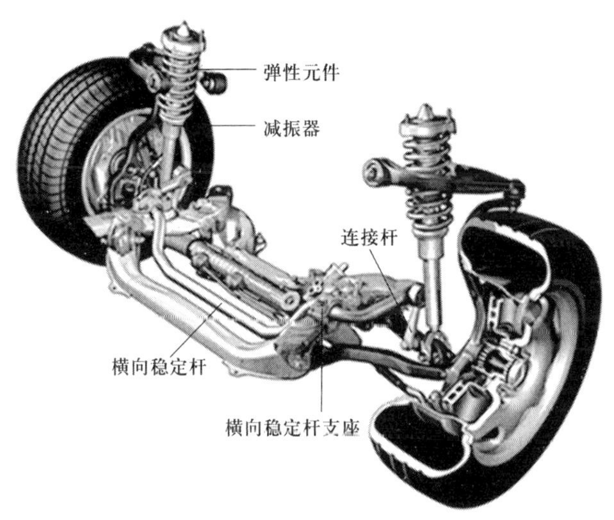


图 3–18　悬架的组成

悬架分为独立悬架和非独立悬架。

非独立悬架的结构特点是两侧的车轮由一根整体式车桥相连，车轮连同车桥一起通过弹性悬架与车架（或车身）连接。当一侧车轮因道路不平而发生跳动时，必然引起另一侧车轮在汽车横向平面内发生摆动，如图 3–19 所示。

独立悬架的结构特点是车桥做成了断开的，每一侧的车轮可以单独地通过弹性悬架与车架（或车身）连接，如图 3–20 所示。

图 3-19　非独立悬架　　　　图 3-20　独立悬架

## 五、车轮与轮胎

车轮与轮胎是汽车行驶系统中的重要部件，位于汽车车身与路面之间，起支承汽车和装载质量、传递汽车与路面之间的各种力和力矩、缓冲车轮受路面颠簸时所引起的振动、保持汽车的行驶方向等作用。

车轮与轮胎组成车轮总成。车轮由轮辋、轮辐和轮毂组成。如图 3-21 所示。

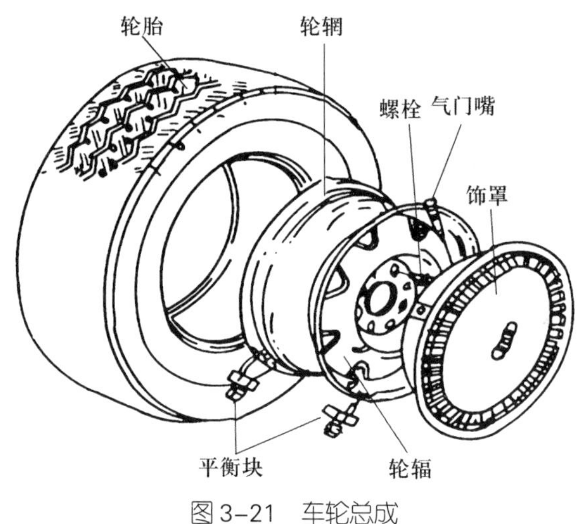


图 3-21　车轮总成

# 第 3 节　转向系统

## 一、转向系统的功能

汽车转向系统的功能是保证汽车在行驶中按驾驶员的操纵要求，适时改变汽车的行驶方向，保持汽车稳定地沿直线行驶。

## 二、转向系统的组成

不同的汽车转向系统形式及组成也有所差异。转向系统按使用能源的不同可分为机械式转向系统和动力式转向系统。机械式转向系统由转向操纵机构、转向器和转向传动机构三部分组成，如图 3-22 所示。动力式转向系统按提供动力的方式不同可分为液压式动力转向系统和电控式动力转向系统。液压式动力转向系统就是在原有机械式转向系统结构的基础上增设了一整套液压助力装置，如图 3-23 所示。

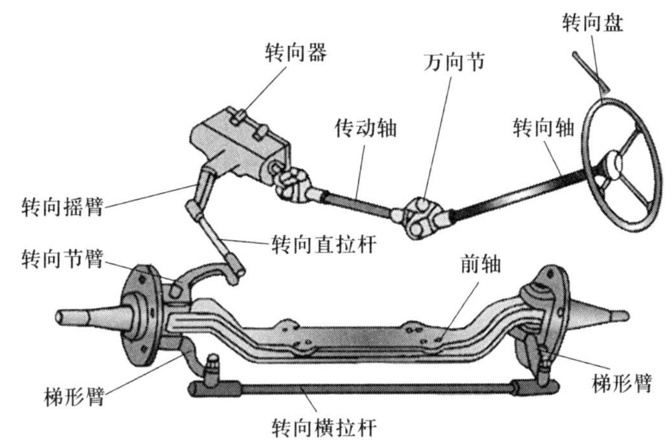


图 3-22　汽车转向系统

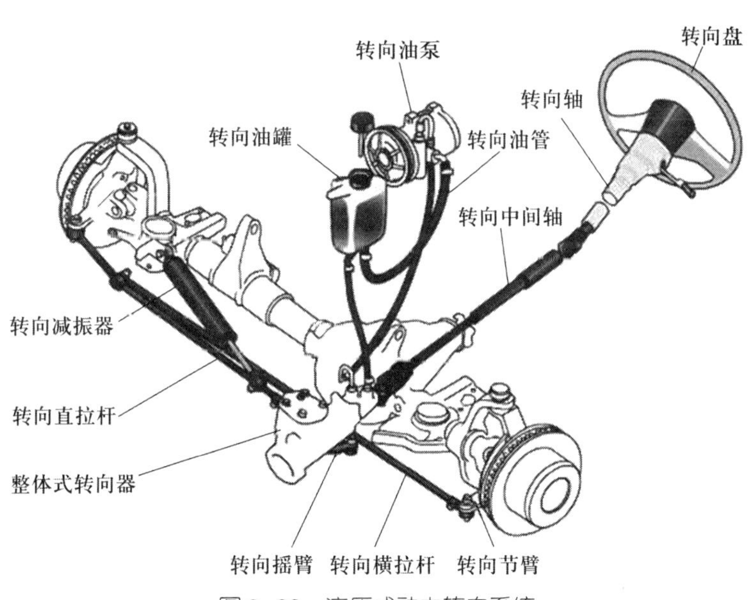


图 3-23　液压式动力转向系统

# 第4节 制动系统

## 一、制动系统的功能

制动系统的功能是使行驶中的汽车按照驾驶员的要求进行强制减速或停车；使已停驶的汽车在各种道路条件下（包括在坡道上）稳定驻车；使下坡行驶的汽车速度保持稳定。

## 二、制动系统的组成

制动系统一般由制动器和制动传动装置两个主要部分组成，如图 3-24 所示。

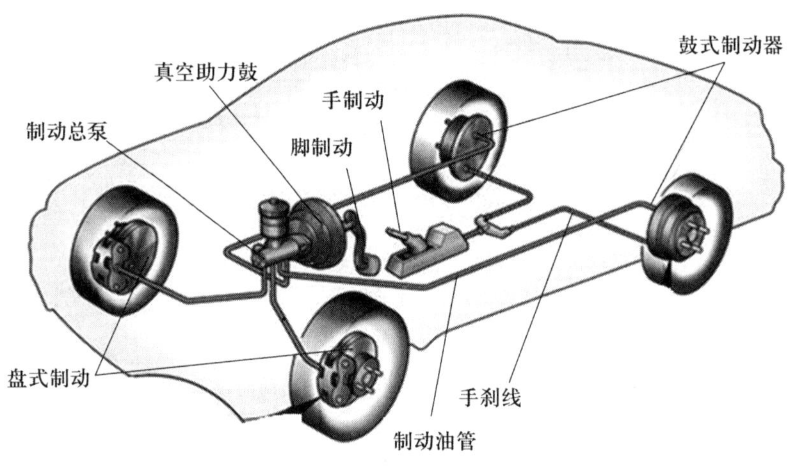


图 3-24　制动系统的组成

### 1. 制动器

制动器是用来产生阻碍车辆运动或运动趋势的制动力的部件。汽车上常用的制动器都是利用固定元件（如制动蹄）与旋转元件（如制动鼓）工作表面的摩擦而产生制动力矩的，称为摩擦制动器。摩擦制动器有两种常见的结构形式，一种是鼓式制动器，一般用在后轮；另一种为盘式制动器，一般用在前轮，如图 3-25 所示。

### 2. 制动传动装置

汽车制动传动装置的功能是将驾驶员施加于踏板上的力放大后传到制动器，并控制制动器的工作，以获得所需要的制动效果。

（1）液压制动传动装置。利用制动液将施加于制动踏板上的力转换为液压力，通过管路传送到车轮制动器，再将液压力转换为制动蹄张开的推力。多用于中、小型汽车。

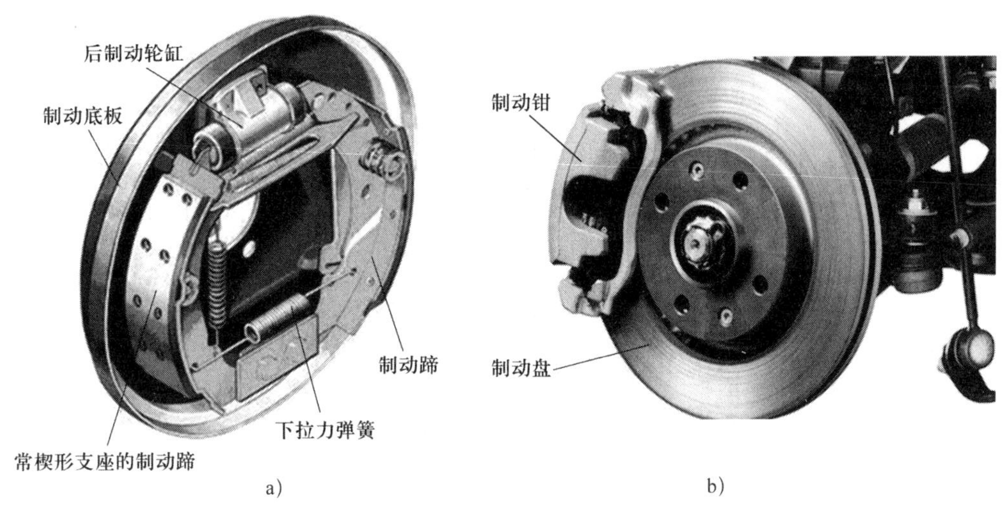


图 3–25　制动器

a）鼓式制动器　b）盘式制动器

液压制动传动装置由制动踏板、推杆、制动主缸、储液罐、制动轮缸、油管等组成，如图 3–26 所示。

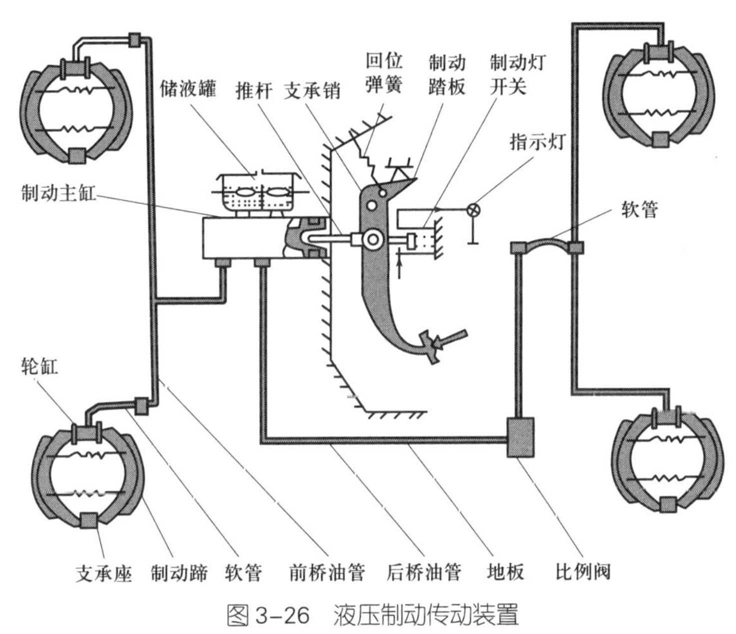


图 3–26　液压制动传动装置

（2）气压制动传动装置。气压制动传动装置的部件较多，管路复杂，基本由空气压缩机、储气筒、制动控制阀和制动气室等组成，如图 3–27 所示。多用于中、重型汽车。

## 三、汽车防抱死制动系统

汽车防抱死制动系统（Antilock Break System），简称 ABS。主要由轮速传感器、制动压力调节器和电子控制单元等组成，如图 3–28 所示。

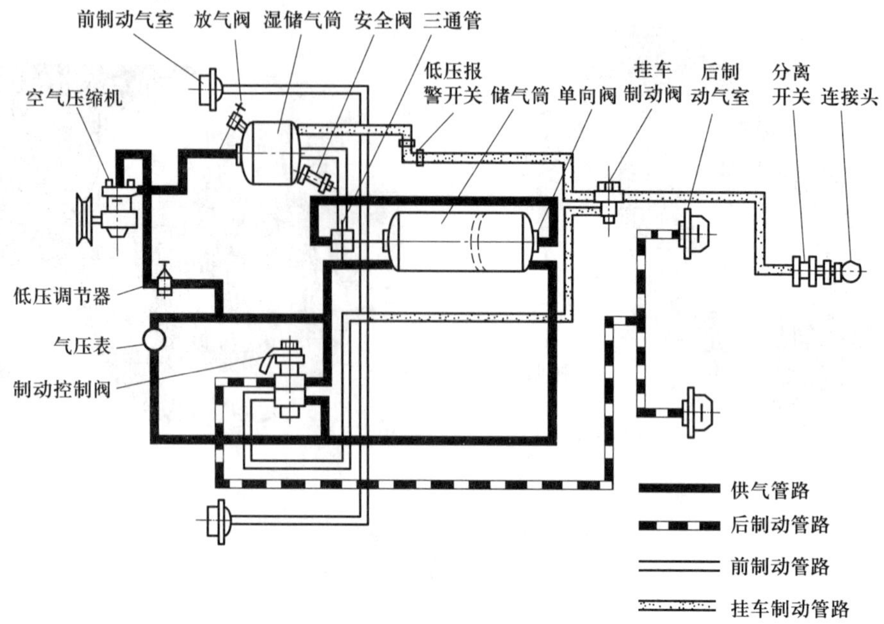

图 3-27　气压制动传动装置

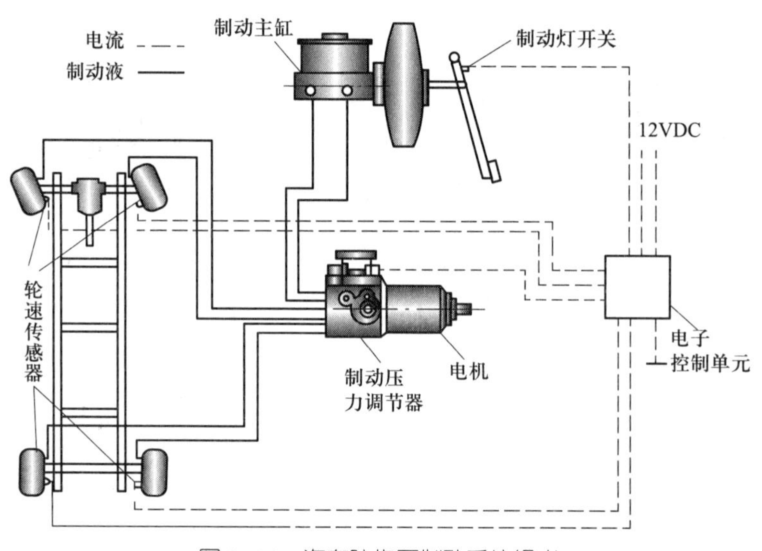

图 3-28　汽车防抱死制动系统组成

每个车轮上安装一个轮速传感器，可及时将各车轮的转速信号输入电子控制单元；电子控制单元是 ABS 系统的控制中心，它根据各个车轮轮速传感器输入的信号对各个车轮的运动状态进行监测和判定，并形成相应的控制指令，再向制动压力调节器适时发出控制指令；制动压力调节器对各制动轮缸的制动压力进行调节，通过调节制动力矩，使之与地面的附着状况相适应，防止制动车轮被抱死。

# 第4章 汽车电气设备基础

## 第1节 电源系统

电源系统主要由蓄电池、电/充电状态指示灯、交流发电机、电压调节器、点火开关和导线等组成，如图 4-1 所示。

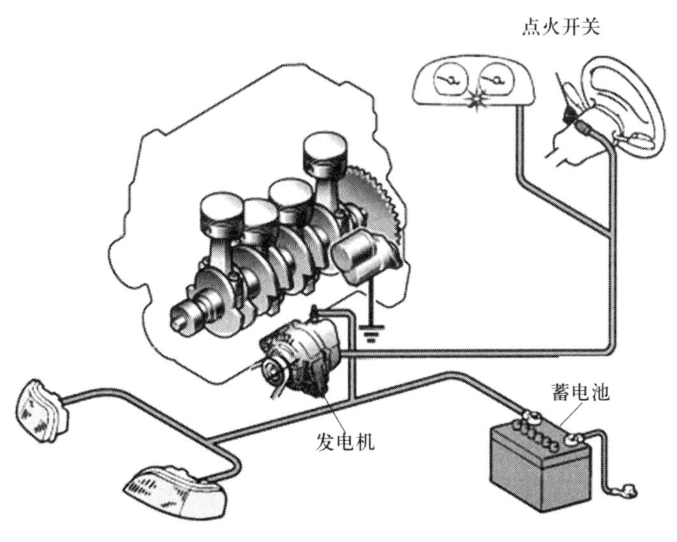


图 4-1 电源系统的组成

### 一、蓄电池

#### 1. 蓄电池的功能

汽车蓄电池与发电机并联，同属汽车的低压电源，其功能如下。

（1）发动机启动时，向起动机提供强大的起动电流（一般高达 200 ~ 600 A），同时还向点火系统、仪表等供电。

（2）发动机处于低速运转、发电机端电压低于蓄电池电压时，由蓄电池向用电设备供电。

（3）发电机的端电压高于蓄电池的电压时，蓄电池将一部分电能转变为化学能储存起来。

（4）发电机过载时，蓄电池协助发电机向用电设备供电。

（5）发动机转速和负载变化时，能保持汽车电气系统电压稳定。蓄电池相当于一个较大的电容器，能吸收电路中随时出现的瞬时高电压，以保持晶体管元件不被击穿，延长其使用寿命。

### 2. 蓄电池的组成

蓄电池主要由极板、隔板、电解液、外壳、连接条和极柱等组成，如图 4–2 所示。

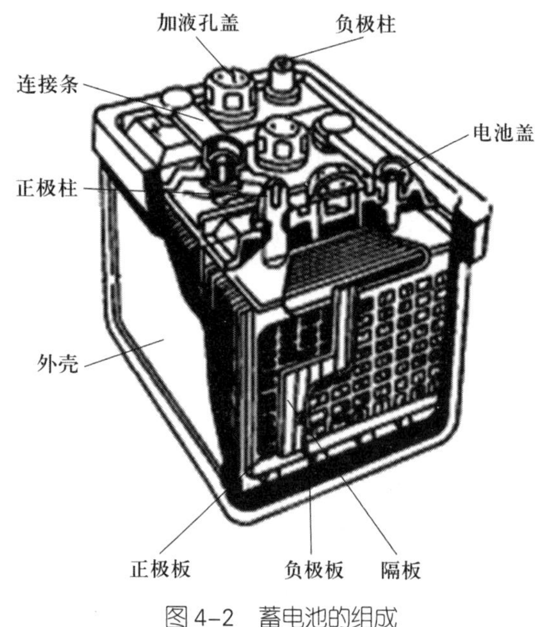


图 4–2　蓄电池的组成

## 二、交流发电机

### 1. 交流发电机的功能

交流发电机是汽车中除蓄电池外另一个重要的电源，在发动机运转及汽车行驶的大部分时间里，都由交流发电机向各用电设备供电，同时还向蓄电池充电。

### 2. 交流发电机的组成

交流发电机主要由转子总成、定子总成、整流部分、风扇、元件板等组成，如图 4–3 所示。

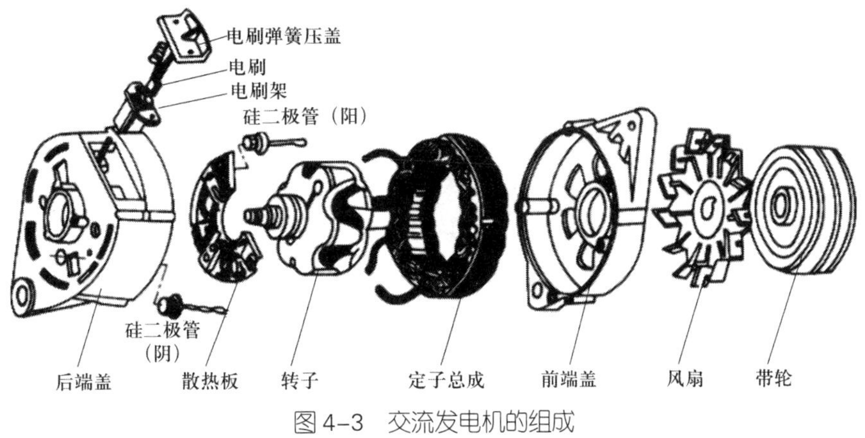


图 4–3　交流发电机的组成

# 第 2 节　点 火 系 统

点火系统可将汽车电源供给的低压电转变为高压电，并按发动机的做功顺序和点火时间要求配送至各缸的火花塞，在其间隙处产生火花，从而点燃可燃混合气。

点火系统分为传统点火系统、电子点火系统和微机控制点火系统三种。目前传统点火系统已经淘汰。

## 一、电子点火系统

电子点火系统主要由电源、点火线圈、点火开关、分电器、火花塞、点火器及点火信号发生器等部件组成，如图 4–4 所示。电子点火系统各部件的功能见表 4–1。

电子点火系统采用点火信号发生器产生的信号控制点火系统一次电路的接通和断开，从而达到点火的目的。

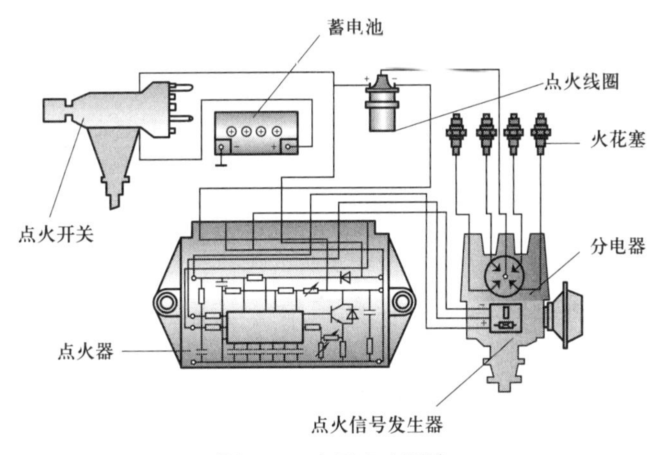


图 4–4　电子点火系统

### 表 4-1 电子点火系统各部件的功能

| 名称 | 图示 | 功能 |
| --- | --- | --- |
| 分电器 |   | 分电器由配电器、点火信号发生器和点火调节机构等组成，由凸轮轴上的螺旋齿轮驱动；配电器由分火头和分电器盖组成。分电器的作用是将点火线圈产生的高压电按发动机的工作顺序送至工作缸火花塞 |
| 点火信号发生器 | 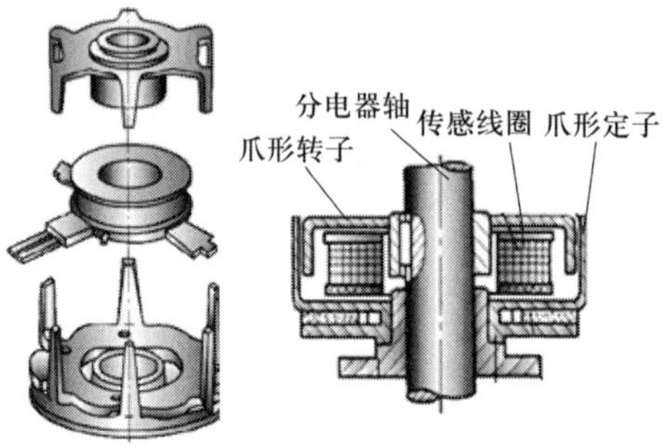  | 点火信号发生器通常安装在分电器上。当分电器轴转动时，点火信号发生器产生一电信号并送至点火器，点火器对电信号进行适当的处理用以控制点火器的初级电路的接通和断开，使点火线圈产生高压电<br>电子点火系按点火信号发生器的不同可分为电磁式、霍尔式和光电式等电子点火系统 |
| 点火线圈 | 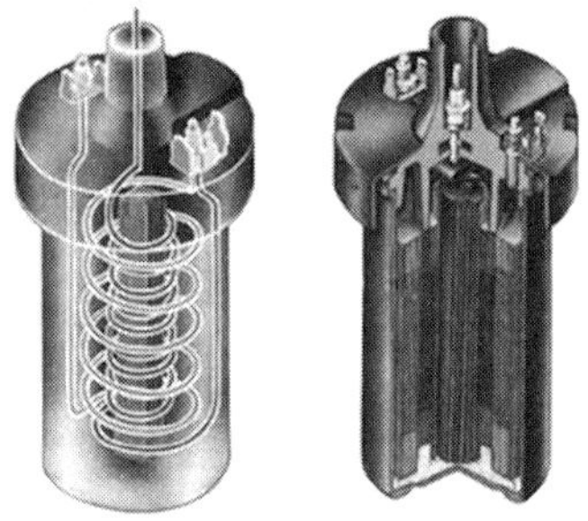  | 点火线圈的作用是将电源提供的低压电变成能击穿火花塞电极间隙的高压电。点火线圈是点火装置的核心组件，实质是利用电磁互感原理制成的高倍率变压器 |
| 火花塞 | 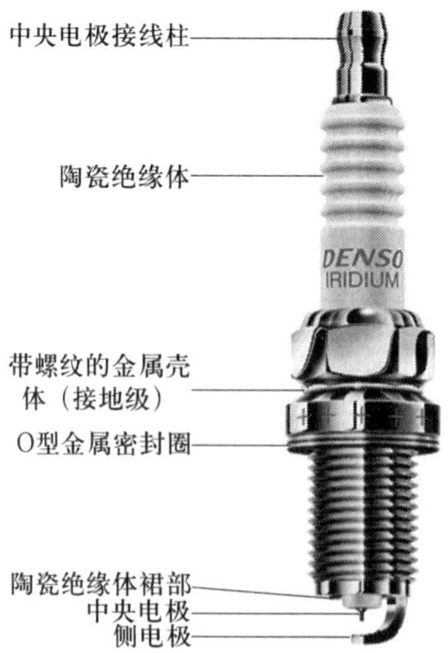  | 火花塞的作用是将点火线圈产生的高压电引入发动机燃烧室内，通过本身的空气间隙产生火花放电，从而点燃混合气。火花塞间隙一般为 0.6 ~ 0.8 mm，击穿电压为 6 ~ 8 kV。火花塞的放电部分为中心电极和侧电极 |

续表

| 名称 | 图示 | 功能 |
| --- | --- | --- |
| 点火器 |  | 根据 ECU 的指令（IGT 信号：ECU 向点火器中功率晶体管发出的通断控制信号），控制点火线圈初级绕组的通电或断电，并在完成点火后向 ECU 输送点火确认信号（IGF） |
| 高压导线 |  | 高压导线由中央高压线和各缸高压线组成。中央高压线用于将点火线圈产生的高压电送到分电器盖插孔；各缸高压线用于将点火高压电从分电器盖的旁电极插孔传至火花塞 |

## 二、微机控制点火系统

微机控制点火系统以蓄电池和发电机为电源，借点火线圈将电源的低压电转变为高压电，再由分电器将高压电分配到各缸火花塞，并由微机控制系统根据各种传感器提供的反映发动机工况的信息，发出点火控制信号，控制点火时刻，点燃可燃混合气。微机控制点火系统还可以取消分电器，由微机控制系统直接将高压电分配给各缸，如图 4–5 所示。

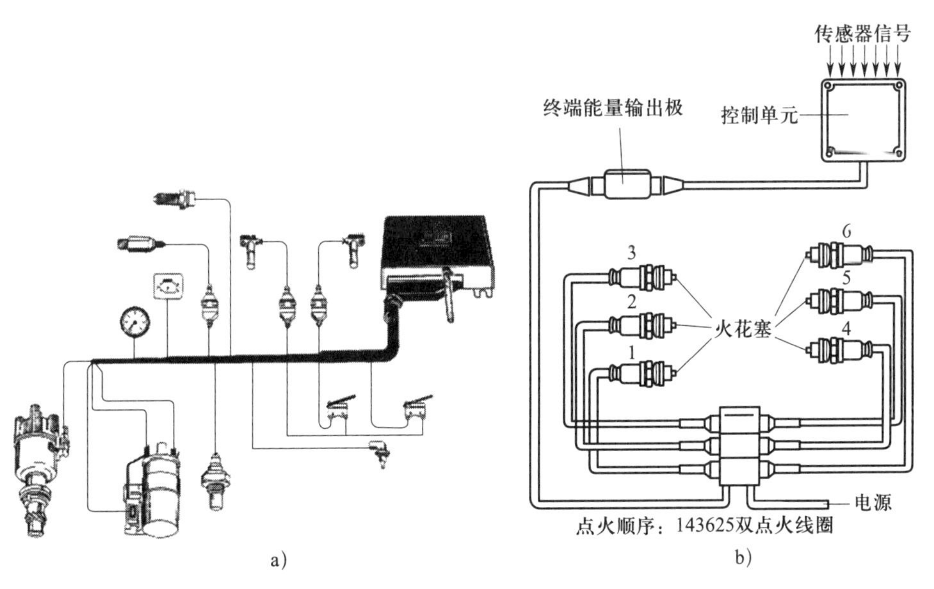


图 4–5　微机控制点火系统

a）有分电器　b）无分电器

微机控制点火系统是目前最新型的点火系统，已广泛应用于各种中、高级乘用车中。

# 第3节　启动系统

## 一、启动系统的功能

启动系统的功能是将蓄电池的电能转化为机械能，产生转矩，启动发动机。

## 二、启动系统的组成

启动系统主要由点火开关、蓄电池、启动继电器和起动机等组成，如图 4-6 所示。起动机是启动系统中最主要的组成部件。

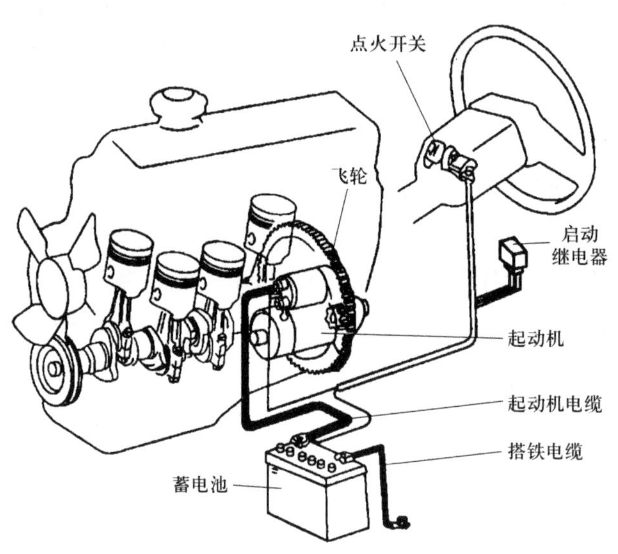


图 4-6　启动系统的组成

起动机由串励式直流电动机、传动机构和操纵机构三部分组成，如图 4-7 所示。汽车上广泛采用的起动机为电磁操纵强制啮合式起动机。

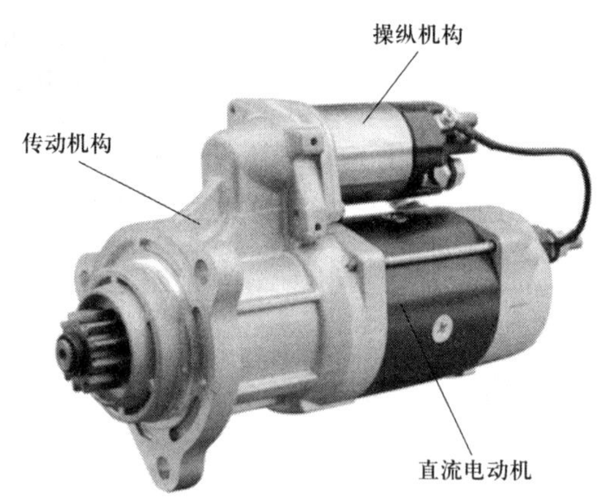


图 4-7　起动机

# 第 4 节　汽车电器辅助装置

## 一、汽车照明系统

汽车照明装置一般有前照灯、雾灯、牌照灯、行李舱灯、顶灯、检修灯等。

前照灯的光学系统包括反射镜、配光镜和光源（灯泡）三部分，如图 4–8 所示。

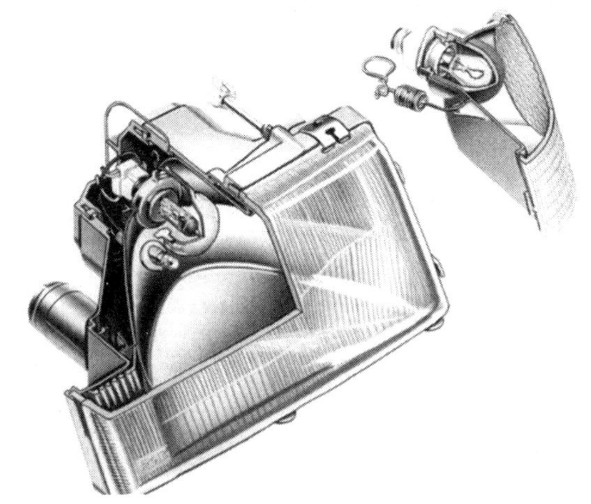

图 4–8　前照灯的结构

配光镜、反射镜和光源（灯泡）的组合体称为灯光组。前照灯按灯光组的结构不同可分为半封闭式和封闭式两种，如图 4–9 所示；按数量不同可分为二灯制和四灯制。

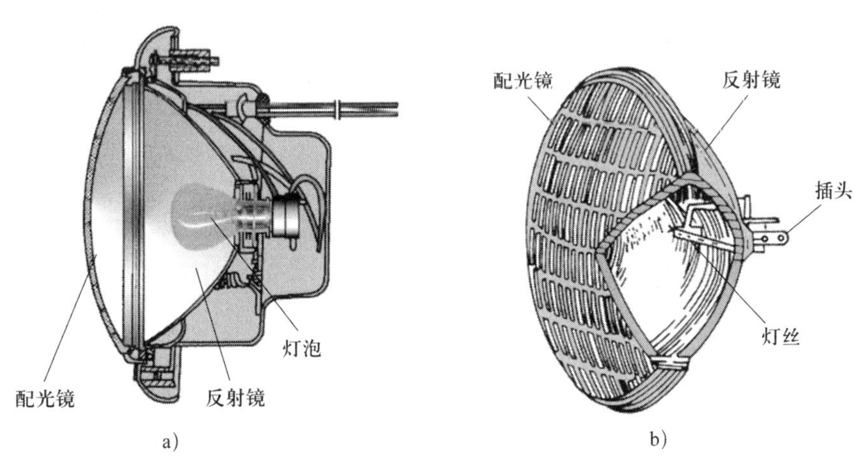


图 4–9　前照灯按灯光组的结构不同分类

a）半封闭式前照灯　b）封闭式前照灯

## 二、汽车信号系统

汽车信号系统有转向灯、制动灯、示宽灯、倒车灯等。

### 1. 转向信号装置

当汽车需要转向时，需要接通左或右转向灯；当遇上特殊情况，如因故障停在路面时，需使所有转向信号灯同时闪烁，作为危险警告信号。汽车的转向信号及危险警告装置主要包括组合开关、信号灯、闪光继电器。

### 2. 制动信号灯

制动信号灯安装在车辆尾部，由制动开关控制。当驾驶员踩下制动踏板，汽车进行制动或减速停车时，制动信号灯在车后发出强烈的红光，以警示尾随车辆，避免发生追尾事故。

### 3. 倒车信号装置

倒车信号装置用于汽车倒车时，警告车后的行人及车辆注意避让。倒车信号装置主要由倒车灯、倒车开关、倒车蜂鸣器组成，由变速器上的倒挡开关控制，当变速器挂入倒挡时，接通倒车灯电路。

### 4. 喇叭

喇叭是用于警告行人和车辆，保证汽车行车安全的装置，分为气喇叭和电喇叭两种。气喇叭主要用于装有空气制动装置的重型载重车上；电喇叭分为普通电喇叭和电子电喇叭，分别如图 4–10、图 4–11 所示，由于体积小、结构简单、声音悦耳而在中、小型汽车上得到广泛应用。

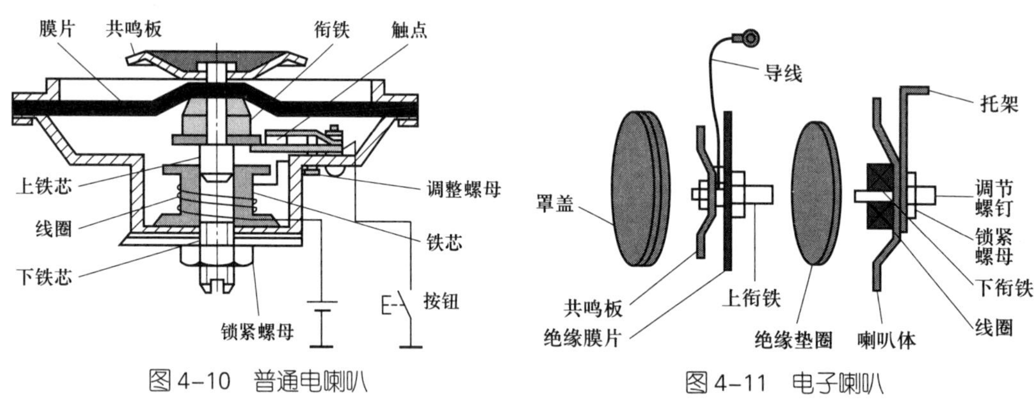


图 4–10　普通电喇叭

图 4–11　电子喇叭

## 三、刮水器及洗涤器

### 1. 刮水器

刮水器主要用来刮除风窗玻璃上的雨水、雪、泥土及灰尘等污染物，以确保驾驶员有良好的视野。

电动刮水器的动力源是汽车蓄电池，工作时不受任何条件的限制，所以被广泛地使用。电动刮水器由刮水电动机和一套传动机构组成，如图 4–12 所示。

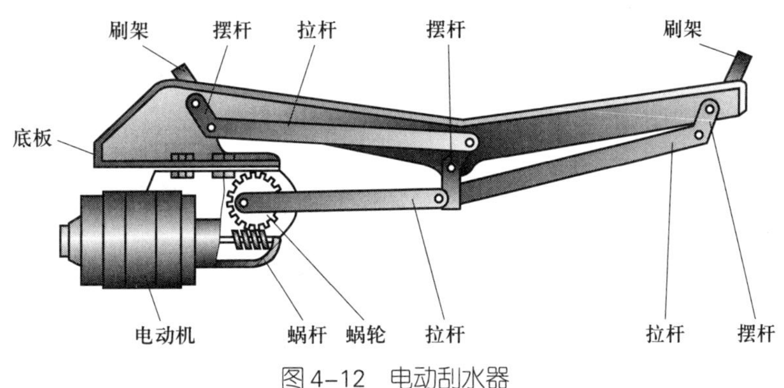


图 4–12 电动刮水器

### 2. 洗涤器

行驶中，可能会出现由于车辆前方泥土飞溅或其他原因污染风窗玻璃的情况，为了有效地除净，还设有洗涤装置，作为刮水器的辅助设备。风窗玻璃洗涤器如图 4–13 所示，当风窗玻璃上附有尘污需清除时，先开动洗涤泵，将储存于储液箱内的洗涤液经喷嘴喷到风窗玻璃刮水片的上部，将尘污润湿，然后开动刮水器，利用刮水片的摆动将玻璃上的尘污刷掉。

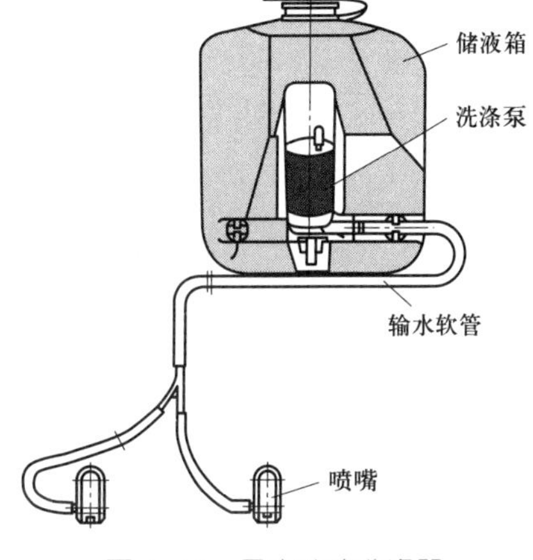


图 4–13 风窗玻璃洗涤器

## 四、汽车空调系统

### 1. 汽车空调系统的组成

汽车空调系统由压缩机、冷凝器、储液干燥器、膨胀阀、蒸发器和鼓风机组成，如图 4–14 所示。

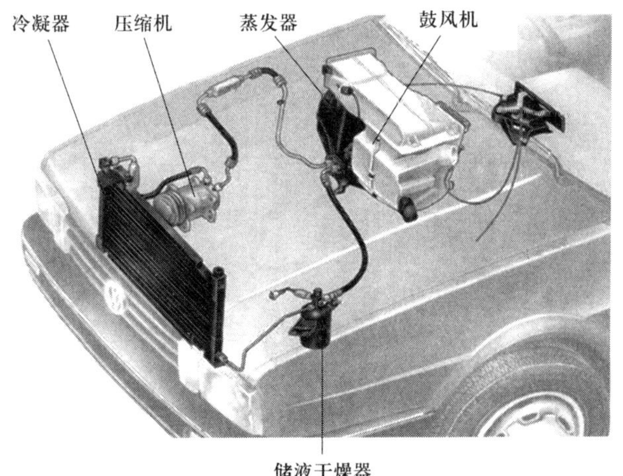


图 4–14 汽车空调系统的组成

汽车空调系统各部分的功能见表 4–2。

**表 4–2　汽车空调系统各部分的功能**

| 名称 | 图示 | 功能 |
| --- | --- | --- |
| 压缩机 | 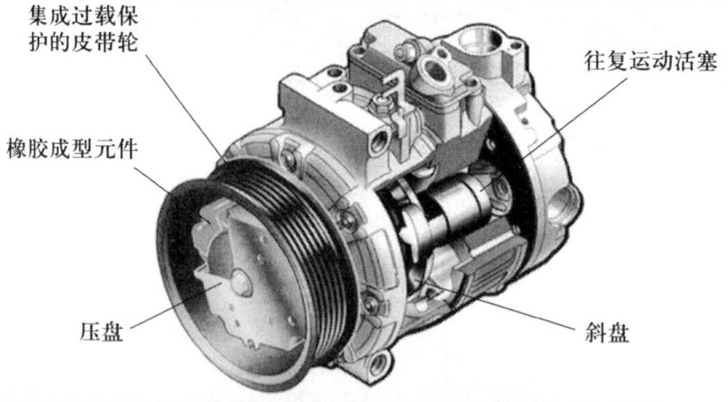 集成过载保护的皮带轮<br>往复运动活塞<br>橡胶成型元件<br>压盘<br>斜盘 | 将低温低压气态制冷剂压缩成高温高压的气态制冷剂 |
| 冷凝器 |  | 将高温高压的气态制冷剂冷凝为高温高压液态制冷剂 |
| 储液干燥器 | 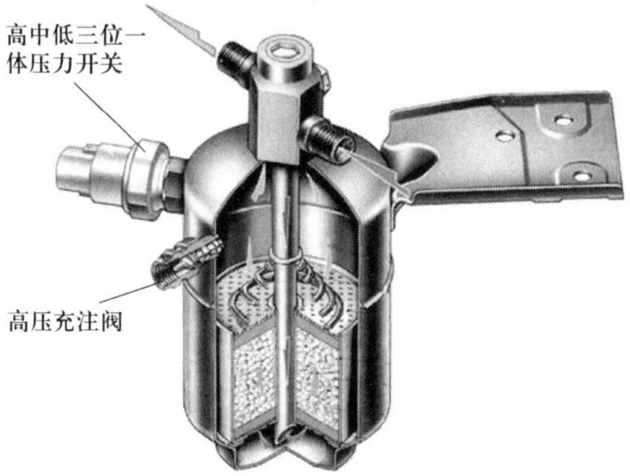 高中低三位一体压力开关<br>高压充注阀 | 过滤制冷剂中的水分和杂质，储存制冷剂，保障制冷剂不间断地输送到膨胀阀 |
| 膨胀阀 |   | 通过节流使高温高压的液态制冷剂变为低温、低压液态的液态制冷剂 |

续表

| 名称 | 图示 | 功能 |
|---|---|---|
| 蒸发器 | 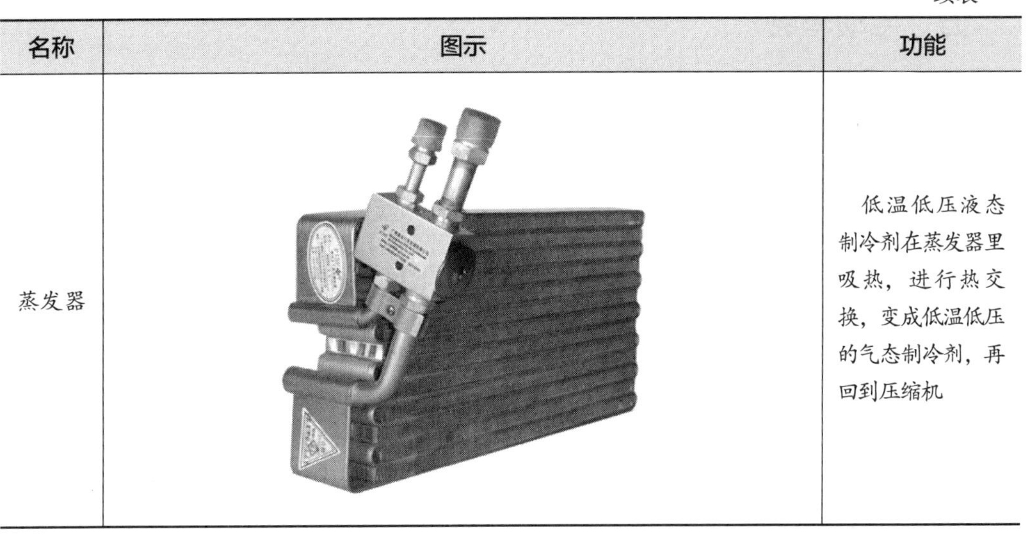 | 低温低压液态制冷剂在蒸发器里吸热，进行热交换，变成低温低压的气态制冷剂，再回到压缩机 |

## 2. 汽车空调系统的工作原理（见图 4-15）

（1）压缩过程：压缩机吸入蒸发器出口处的低温低压的制冷剂气体，把它压缩成高温高压的气态制冷剂并排出压缩机。

（2）放热过程：高温高压的过热制冷剂气体进入冷凝器，由于压力及温度的降低，制冷剂气体冷凝成液体，并放出大量的热。

（3）节流过程：温度和压力较高的制冷剂液体通过膨胀装置后体积变大，压力和温度急剧下降，以雾状（细小液滴）排出膨胀装置。

（4）吸热过程：雾状制冷剂液体进入蒸发器，此时制冷剂沸点远低于蒸发器内温度，故制冷剂液体蒸发成气体。在蒸发过程中大量吸收周围的热量，而后低温低压的制冷剂蒸气又进入压缩机。

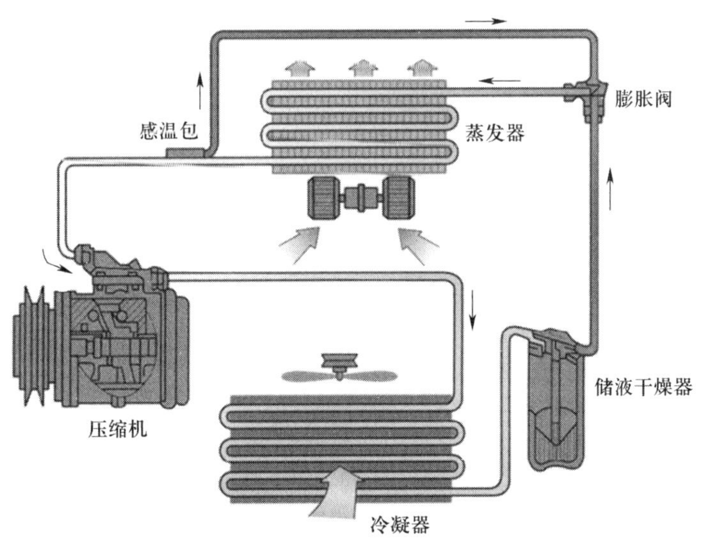


图 4-15　汽车空调系统的工作原理

## 五、电动车窗

电动车窗主要由车窗升降器、电动机、继电器、开关等组成。车窗升降器主要有钢丝滚筒式升降器、齿扇式升降器及齿条式升降器等，如图 4–16 所示。

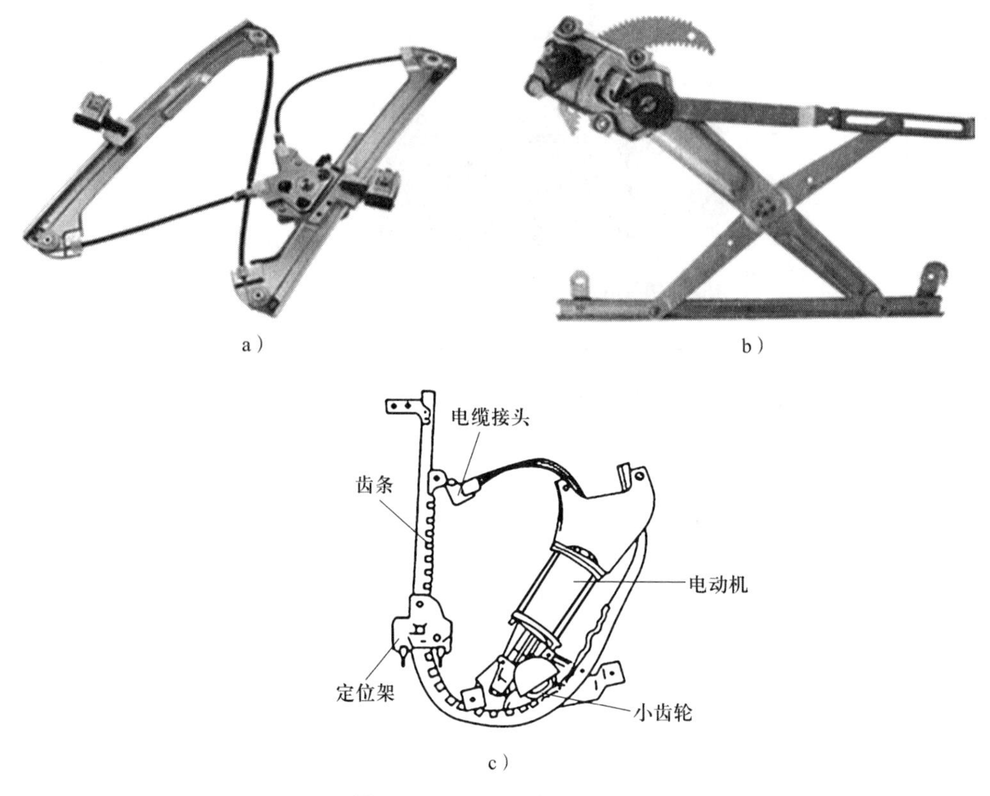


图 4–16　车窗升降器的种类

a）钢丝滚筒式　b）齿扇式　c）齿条式

由于车窗的动作是双向（升降）的，即工作电流方向不同，电动机的转向不同，因此采用直流双向电动机。每个车门各有一个电动机，通过开关控制电动机的电流方向，从而控制车窗玻璃的升降。

## 六、安全气囊

安全气囊由气囊、传感器和安全气囊电控单元三部分组成。安全气囊设置在车内前方（正、副驾驶位）、侧方（车内前排和后排）和车顶三个方向，其功能是当车辆发生碰撞事故时减轻乘员的受伤害程度，避免乘员发生二次碰撞或在车辆发生翻滚等危险情况下被抛离座位。如果发生碰撞，充气系统可在不到 0.1 s 的时间内迅速充气；气囊在膨胀时将冲出转向盘或仪表板，从而使车内人员免受正向碰撞所产生作用力的冲击；大约在 1 s 后，气囊就会收缩（气囊上有许多小孔），因此不会妨碍车内人员的行动。

## 七、汽车防盗器

汽车防盗器与汽车电路配接在一起，从而达到防止汽车被盗、被侵犯，保护汽车并实现防盗器各种功能的目的。

防盗器按其结构不同可分为机械式、芯片式、电子式和 GPS（Global Positioning System 的简称，指全球卫星导航系统）定位防盗器四大类。

# 第5章 汽车电子控制装置

## 第1节 汽车常用传感器

### 一、传感器的概念

在各种信号中，电信号很容易被放大、反馈、滤波及进行运算和存储处理，还可以做长距离传送。要实现对非电量（如位置、温度、压力、形变等）的控制，必须先捕捉各种非电信号，然后将其转变成与之对应的电信号，这个将非电信号转换为另一种可测电信号的过程称为传感，完成这一功能的电子器件称为传感器，其转换步骤是：来自外界的信号→传感器→电信号。

汽车常用传感器有温度传感器、空气流量传感器、进气压力传感器、节气门位置传感器、氧传感器、曲轴位置传感器、电磁感应式车速传感器等。

### 二、温度传感器

车用温度传感器用来检查发动机冷却液的温度、进气温度和排气温度，作为燃油喷射及点火正时的修正信号。

温度传感器有绕线电阻式、热敏电阻式、扩散电阻式、半导体晶体管式和金属芯式等，其中较为常用的是热敏电阻式温度传感器。

热敏电阻式温度传感器由壳体、热敏元件、引线、填料、接线端子等组成，如图5-1所示。

图5-1　热敏电阻式温度传感器

热敏电阻（热敏元件）是一个电阻器，灵敏度很高，其本身阻值随温度按照一定的规律变化。

热敏电阻按其阻值随温度变化的关系不同可分为正温度系数和负温度系数两种，正温度系数热敏电阻在环境（或介质）温度降低时阻值降低，负温度系数热敏电阻在环境（或介质）温度降低时阻值升高。

## 三、空气流量传感器

空气流量传感器（空气流量计）是测量发动机进气量的装置，如图 5–2 所示，它将吸入的空气量转换成电信号传给电子控制单元，作为决定喷油量的基本信号之一。

空气流量传感器根据测量原理不同可分为翼片式、卡门涡旋式、热丝式及热膜式等几种。

## 四、进气压力传感器

进气压力传感器（见图 5–3）可以利用负压变化，感知发动机进气量的大小，电子控制单元根据此信号和其他传感器信号控制喷油器的喷油量。

图 5–2　空气流量传感器

图 5–3　进气压力传感器

常用进气压力传感器有膜盒式进气压力传感器和应变仪式进气压力传感器。

## 五、节气门位置传感器

节气门位置传感器用于检测节气门的开度，并将其转换成电信号输送给电控单元，作为电控单元判定发动机运转工况的依据。节气门位置传感器如图 5–4 所示，安装在节气门上。

节气门位置传感器包括开关型、线性电位计型和综合型（怠速开关、节气门位置电位计），目前应用最多的是综合型节气门位置传感器。

## 六、氧传感器

氧传感器的作用是指示发动机中混合气的燃烧是否充分，测定废气中的氧含量，然后将检测的结果及时反馈给发动机的控制系统，以便发动机控制系统对燃料系统进行调控，把混合气的空燃比控制在理论空燃比附近很窄的范围内，使装有三元催化转

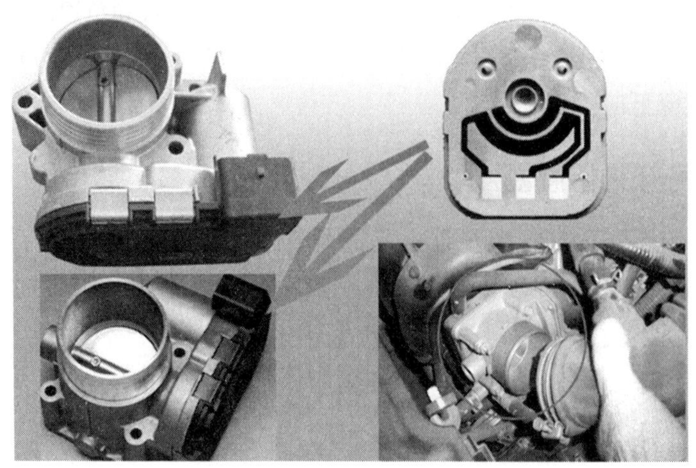

图 5–4　节气门位置传感器

换器的发动机达到最佳的排气净化效果。氧传感器如图 5–5 所示，安装在排气歧管前或排气管内。

目前使用的氧传感器有氧化锆式和氧化钛式两种，其中应用最多的是氧化锆式氧传感器。

图 5–5　氧传感器

## 七、曲轴位置传感器

曲轴位置传感器通常安装在分电器内，其作用是检测发动机转速，因此又称为转速传感器，是控制系统中最重要的传感器之一。这里主要介绍霍尔式曲轴位置传感器和光电式曲轴位置传感器。

### 1. 霍尔式曲轴位置传感器

霍尔式曲轴位置传感器安装在分电器内，其结构如图 5–6 所示。

在霍尔式曲轴位置传感器的触发叶轮上设有四个叶片和四个窗口，当发动机转动时，配气凸轮轴便通过中间轴驱动分电器轴转动，分电器轴又带动触发叶轮转动，触发叶轮的叶片和窗口便在传感器的气隙中交替转过，从而使传感器输出矩形波信号。分电器轴每转一圈，曲轴转两圈，霍尔式曲轴位置传感器输出四个矩形波。电控单元根据每分钟接收矩形波信号的数量便能迅速计算出发动机曲轴的转速。

### 2. 光电式曲轴位置传感器

光电式曲轴位置传感器安装在分电器内，由发光二极管、光敏二极管及遮光盘，电子电路组成，如图 5–7 所示。

发光二极管正对着光敏二极管，以光敏二极管为照射目标。遮光盘位于发光二极管和光敏二极管之间，当遮光盘随发动机曲轴运转时，因遮光盘上有光孔，产生透光和遮光的交替变化，造成信号发生器输出表征曲轴位置和转角的脉冲信号，电控单元根据此信号计算出发动机曲轴的转速。

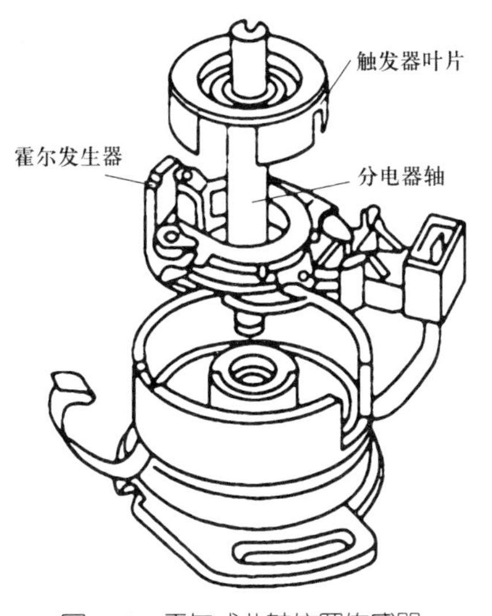

图 5-6　霍尔式曲轴位置传感器

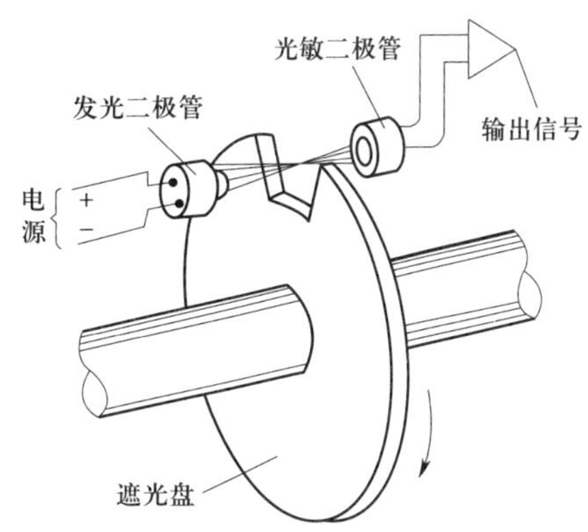


图 5-7　光电式曲轴位置传感器

## 八、电磁感应式车速传感器

电磁感应式车速传感器由永久磁铁和电磁感应线圈组成（见图 5-8a），安装在变速器输出轴附近的壳体上，靠近输出轴上的停车锁止齿轮或感应转子，用于检测变速器输出轴的转速（见图 5-8b）。

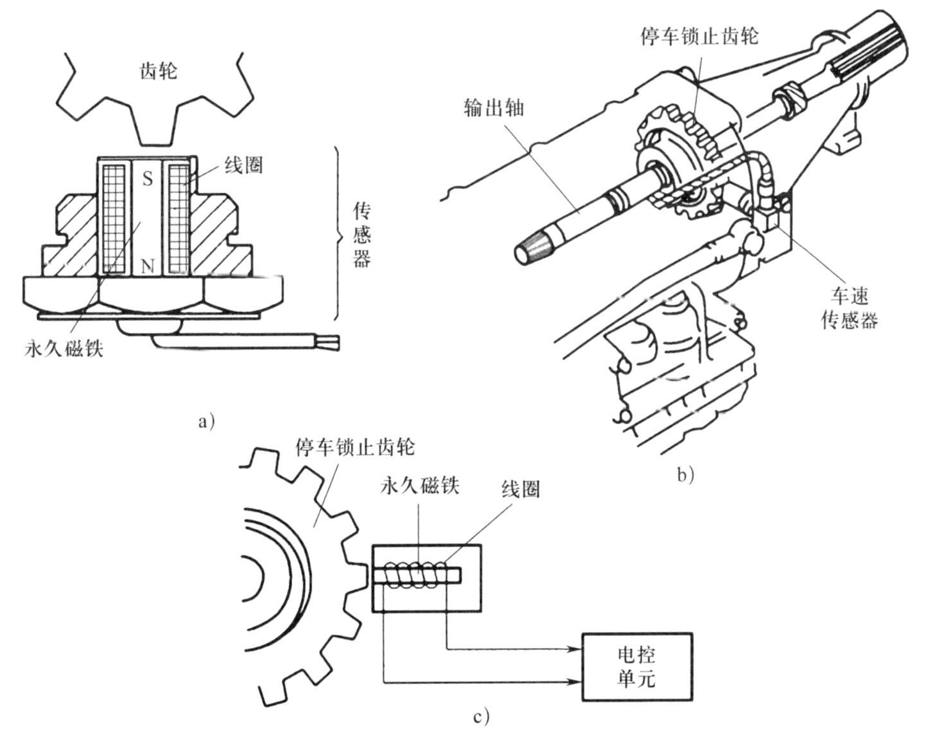


图 5-8　电磁感应式车速传感器

a）传感器组成　b）传感器安装　c）传感器工作原理

当输出轴转动时，停车锁止齿轮或感应转子的凸齿不断地靠近或离开车速传感器，使感应线圈内的磁通量发生变化，从而产生交流感应电压。输出轴的转速越高，车速越高，感应电压的脉冲频率也越大。电控单元根据感应电压脉冲频率的大小计算出车速，如图 5-8c 所示。

# 第2节 电 控 单 元

## 一、电控单元的功能与组成

电子控制单元（Electronic Control Unit，ECU）简称电控单元，如图 5-9 所示，是一种电子综合控制装置，又称车用计算机，包括硬件和软件两部分。硬件是计算机系统中所有实际装置的总称，由输入回路、A/D 转换器（模 / 数转换器）和微型计算机三部分组成。

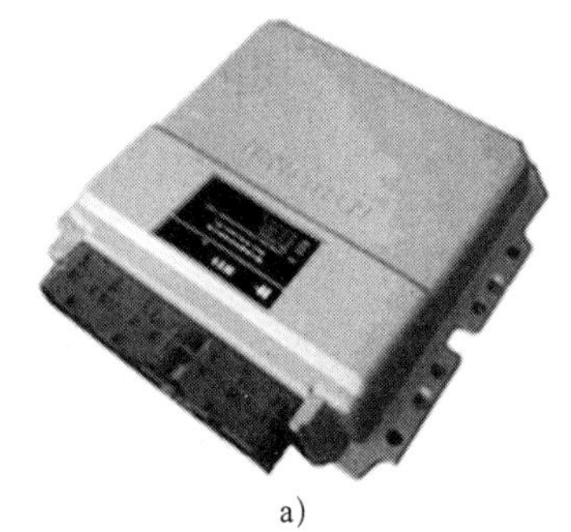
a）

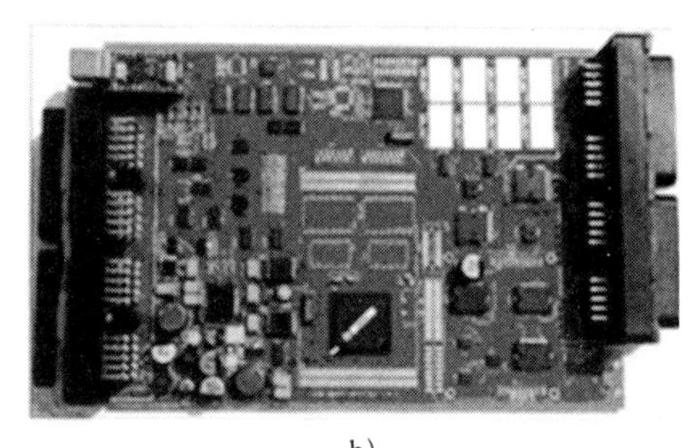
b）

图 5–9 电控单元
a）外形 b）内部结构

### 1. 电控单元的功能

电控单元根据自身存储的程序对发动机各传感器输入的各种信息进行运算、处理、判断，然后输出指令，控制有关执行器动作，达到快速、准确、自动控制发动机工作的目的。

### 2. 电控单元的组成

（1）输入回路。输入回路的作用是将传感器输入的信号除去杂波，把正弦波转变为矩形波后，再转换成输入电平。从传感器输出的信号要输入给 ECU，首先要通过输入回路。其中数字信号（霍尔式凸轮轴位置传感器的输出信号、转速传感器的输出信号和卡门涡流式空气流量计的输出信号等）直接输入微型计算机，模拟信号（热线式空气流量计的输出信号和水温传感器的输出信号等）则由 A/D 转换器转换成数字信号后再输入微型计算机。

（2）A/D 转换器（模 / 数转换器）。由传感器输入的模拟信号往往是连续变化的模拟量，如温度、压力、流量、位移量等。模拟量不能直接输入微型计算机进行运算，必须先把模拟量转换成数字信号，才能输入微型计算机进行算术或逻辑运算。所以传感器输入的模拟信号要经过相应的处理电路后，再经过 A/D 转换器转换，才以数字信号的形式输入中央处理器中。

（3）微型计算机。微型计算机由中央处理器（Central Processing Unit，CPU）、存储器、输入 / 输出装置等组成。

1）中央处理器。中央处理器由进行数据算术运算和逻辑运算的运算器、暂时存储数据的寄存器、按照程序进行各部件之间信号传送及控制的控制器等组成，是电控单元的核心，其功用是读出命令并执行数据处理任务，即通过接口向系统的各受控部分发出指令，同时又可对整个控制系统所需的参数进行检测、数据处理、控制运算和逻辑判断。

2）存储器。存储器的功能是记忆存储程序和数据，一般由几个只读存储器（Read Only Memory，ROM）和随机存储器（Random Access Memory，RAM）组成。

ROM 是读出专用存储器，存储内容一次写入后就不能改变，但可以调出使用。ROM 存储的内容，即使切断电源也不会丢失，故适用于对各种程序和数据的长期保留。目前可改写的只读存储器（Erasable Programmable ROM，EPROM）已在汽车微型计算机中得到应用，该存储器可由紫外线将其记忆内容消去，从而改写存储内容。

RAM 既能读出数据也能写入数据，并记忆在任意地址上，但是切断电源后，存储的数据就会丢失，故只适用于暂时保存过程中的数据。

3）输入 / 输出装置。输入 / 输出装置的功能是根据中央处理器的命令，在外部传感器和执行器之间执行数据传送任务，一般称为 I/O 接口。

## 二、电控单元的自诊断能力

现代汽车用的电子控制装置越来越复杂，当发生故障时，维修人员想要快速判断故障部位变得越来越困难，自诊断系统就是为适应这一状况设计的。该系统集成在 ECU 内部，对电控装置中各部件进行诊断。电控装置工作时，正常的输入、输出信号都是在规定范围内变化的，当某一电路中出现异常或 ECU 内部产生故障时，自诊断系统就判断为故障，并将故障信息以代码的形式存入存储器（RAM）中，以便维修时按特定的方法从 ECU 内读取，作为检修依据。为了不使新旧故障码混杂在一起，每次检修后，都应将 ECU RAM 中的旧故障码清除。

# 第3节　执 行 元 件

## 一、电磁喷油器

电磁喷油器的工作是由 ECU 发出的脉冲信号控制的。电磁喷油器实际上是一个电磁阀，其针阀与衔铁制成一个整体，当 ECU 发出脉冲信号时，衔铁与针阀一起被吸

起，一定压力的燃油从喷口喷出；当电磁线圈断电时，磁力消失，衔铁与针阀在弹簧的弹力作用下回位，关闭喷口。ECU 输出的脉冲时间越长，阀口打开时间越长，喷油器喷油量越大；反之喷油量越小。

喷油器一般分为轴针式喷油器和球阀式喷油器两种类型，分别如图 5-10、图 5-11 所示。

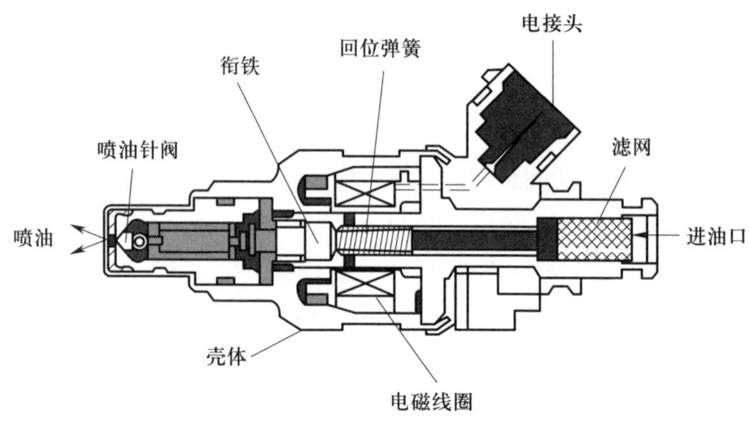


图 5-10　轴针式喷油器

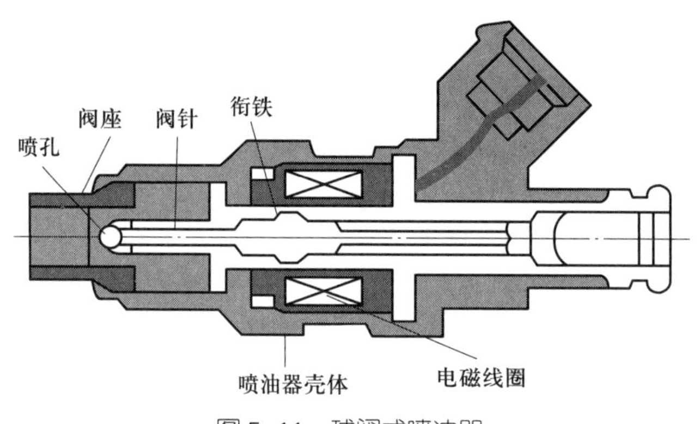


图 5-11　球阀式喷油器

## 二、电磁继电器

电磁继电器通常应用于自动控制电路中，它实际上是用较小的电流去控制较大电流的一种“自动开关”。电磁继电器一般由铁芯、线圈、衔铁、触点簧片等组成，如图 5-12 所示。

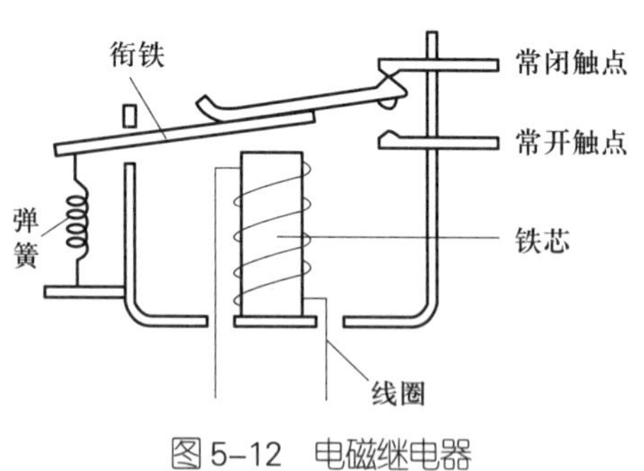


图 5-12　电磁继电器

只要在线圈两端加上一定的电压，线圈中就会流过一定的电流，从而产生电磁效应，衔铁就会在电磁力作用下克服弹簧的拉力吸向铁芯，从而带动衔铁的常开触点吸合。当线圈断电后，电磁吸力也随之消失，衔铁就会在弹簧弹力的作用下返回原来的位置，使常闭触点吸合。这样通过控制常开、常闭触点吸合、释放，达到了在电路中导通、切断的目的。

## 三、步进电动机

步进电动机是一种将电脉冲信号转换成角位移或线位移的电动机。步进电动机的输入量是脉冲序列，输出量则为相应的增量位移或步进运动。正常运动情况下，它每转一周都具有固定的步数；做连续步进运动时，其转速与输入脉冲的频率保持严格的对应关系，不受电压波动和负载变化的影响。

目前常用的有以下三种步进电动机。

### 1. 反应式步进电动机

反应式步进电动机结构简单，生产成本低，步距角小，但动态性能差。

### 2. 永磁式步进电动机

永磁式步进电动机出力大，动态性能好，但步距角大。

### 3. 混合式步进电动机

混合式步进电动机又称为永磁感应式步进电动机，它综合了反应式、永磁式步进电动机的优点，步距角小，出力大，动态性能好，是目前性能最高的步进电动机。

# 汽车车身

## 第1节 车 身 结 构

### 一、轿车车身结构

轿车（乘用车的一种，主要用于载送人员及其随身物品，且座位布置在两轴之间）车身由前车身、中间车身和后车身三大部分及相关构件组成，如图 6–1 所示。承载式车身结构广泛应用于轿车。下面以承载式车身构造为例加以介绍。

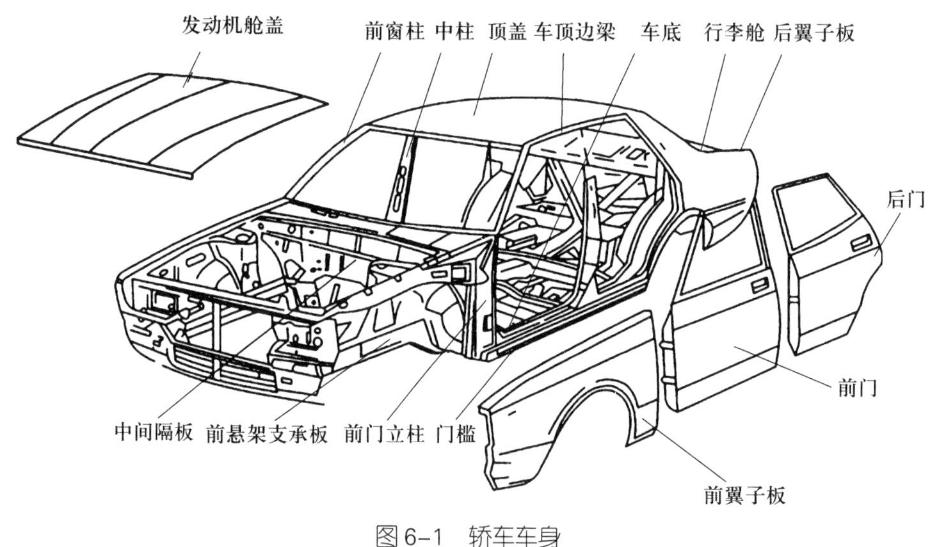


图 6–1 轿车车身

#### 1. 前车身

前车身（见图 6–2）主要由前翼子板、前段纵梁、前护板及发动机舱盖等构件组成。

大多数轿车的前部装有前悬架、转向装置和发动机总成。当汽车受到正向冲击时，依靠前车身有效地吸收冲击能量。因此，前车身在构造上必须确保有足够的强度和刚度。

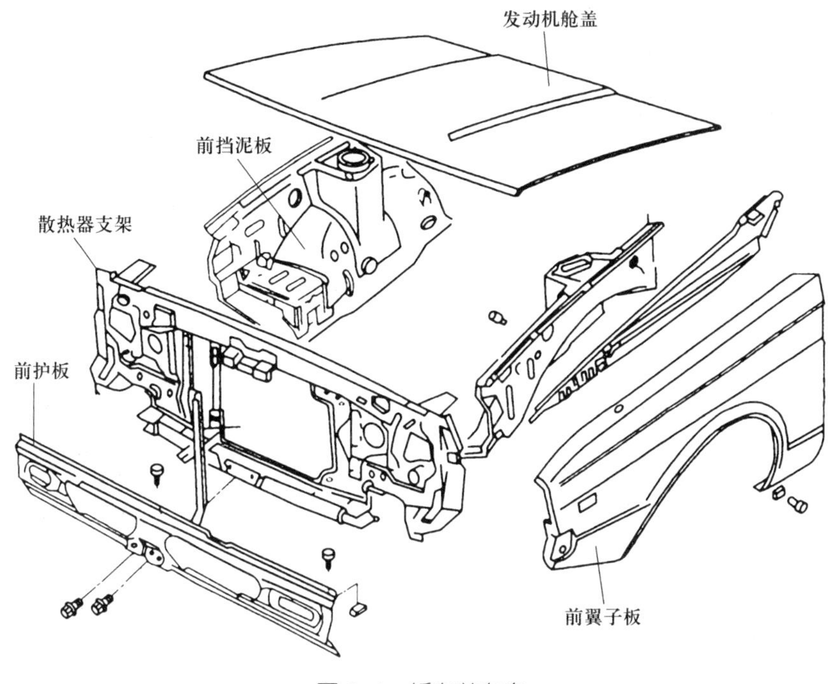

图 6–2　轿车前车身

除了外壳，如发动机舱盖、前翼子板、前护板用螺栓（钉）连接之外，其他的部件都要焊接在一起，形成一个整体。

### 2. 中间车身

中间车身侧体设有车门、侧体门框、门槛，周边采用高强度钢制成抗弯曲能力较好的箱型断面，如图 6–3 所示。中间车身侧体框架的中柱、边框、车顶边梁、

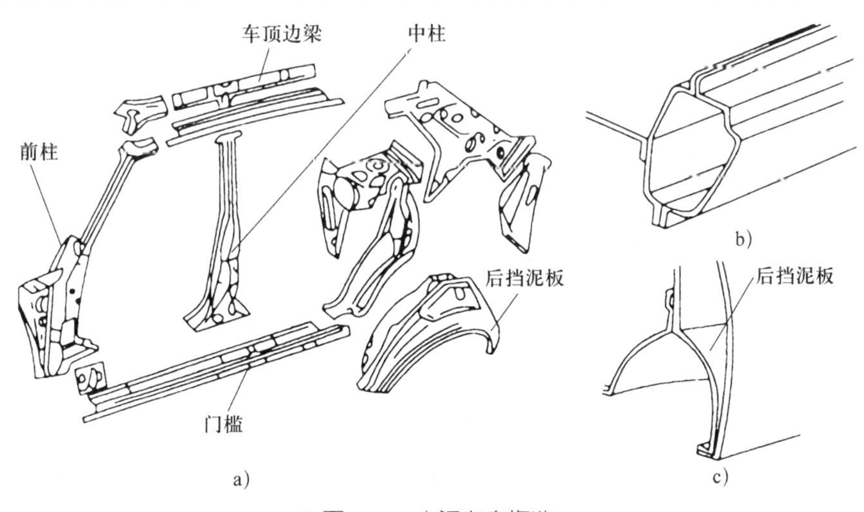

图 6–3　中间车身构造

a）中间车身侧体构造　b）门槛断面　c）后挡泥板断面

侧体下边梁等结构件也采用封闭型断面结构。车顶、车底和立柱等构件均以焊接方式组合在一起。

中间车身的窗柱起着支承风窗和车顶的作用，一般下部做得较为粗大，上部的截面尺寸由于需要考虑驾驶视野而缩小。

车身底板是中间车身的基础，汽车行驶中加给车身的载荷都是通过底板传递并加以扩散的。除选用高强度钢板冲压外，车身底板上还配置了抗载能力强的车身纵梁和横梁，车身测量与维修用的基准孔也设置在车身的纵梁和横梁上。

### 3. 后车身

轿车后车身（见图 6–4）用于放置物品，是中间车身侧体的延长部分。

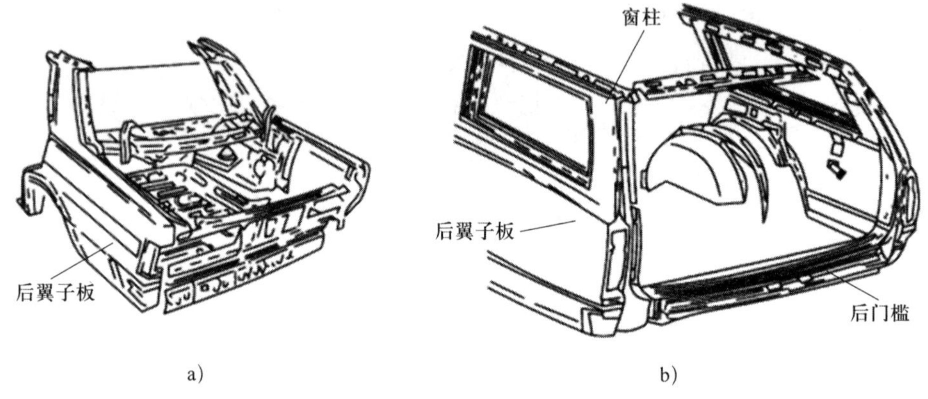


图 6–4　轿车后车身
a）三厢式轿车后车身　b）两厢式轿车后车身

后车身的主要载荷来自汽车后悬架，尤其是对于后轮驱动的车辆，驱动力通过车桥、悬架直接作用于后车身上。为确保后车身的强度，车身质量由中间车身向后延伸，到后桥部位再形成拱形弯曲。这样既保证了后车身的刚度，又不至于使后桥与车身发生干涉。而且当车身后部受到追尾碰撞时，还能瞬时吸收部分冲击能量，以其变形来实现对乘客室的有效保护。

## 二、货车车身结构

货车车身包括驾驶室和车厢两大部分。

### 1. 货车驾驶室

货车驾驶室的结构依车型、种类、用途、发动机的位置、行驶方式、车轮数和驱动形式的不同而有各种类型，一般分为长头式、短头式和平头式三种，如图 6–5 所示。其中平头式和长头式驾驶室最为常见。

（1）平头式货车驾驶室。平头式货车驾驶室一般置于前轴位置上，发动机完全伸进驾驶室或移向后部，可使整车长度缩短，驾驶视野开阔。这种驾驶室已经成为普通货车发展的主流，其外形如图 6–6 所示。

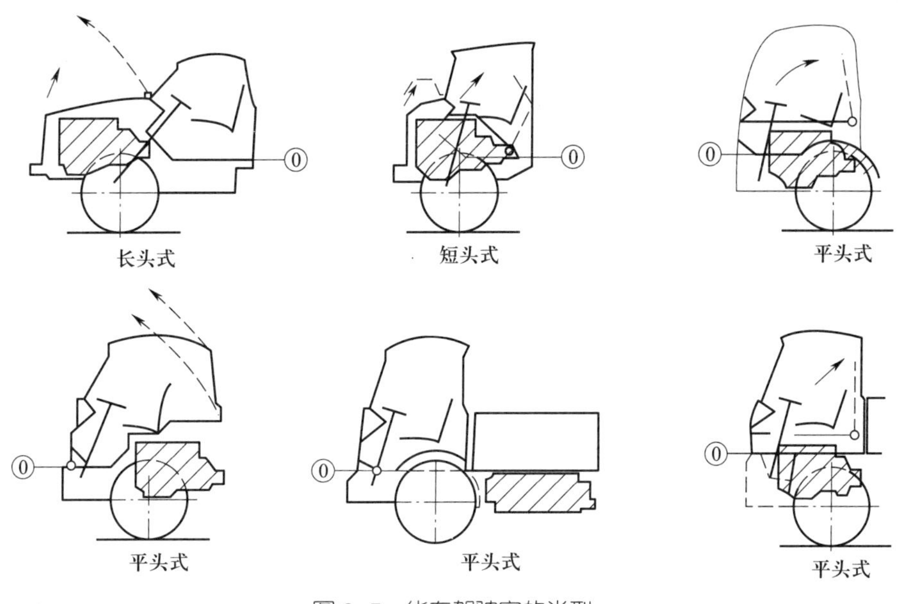


图 6–5　货车驾驶室的类型

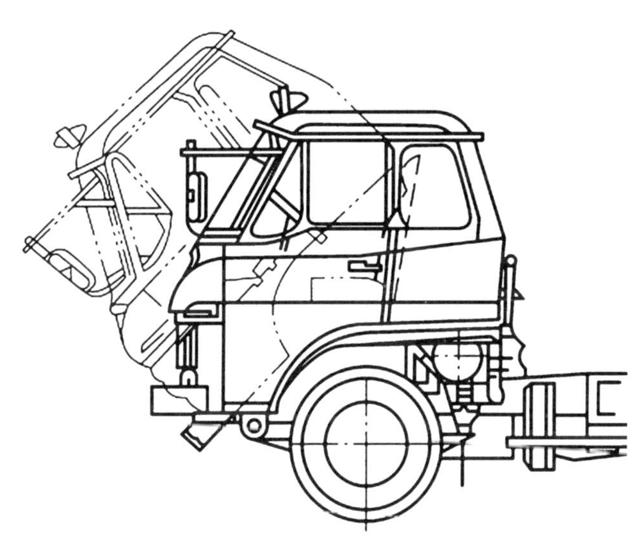

图 6–6　平头式货车驾驶室外形

1）驾驶室的构造。平头式货车驾驶室由冲压件形成的板块构件组焊而成，其中驾驶室前部板件、车顶、侧体呈刚性连接，并以强度可靠的风窗立柱、门柱为基础，连接方式因车型而异。对于翻转式驾驶室，前部安装机构的受力作用使前部构件与底部共同起着翻转后驾驶室整体的支承作用，因此，前部构件是驾驶室中强度、刚度最高的零件之一。

前立柱的下端与车底相连，上端则支承着驾驶室顶，采用高强度钢板经冲压成型。左右转角结构件与前立柱内外共同形成双重构造的壳式结构，不仅对驾驶室起到装饰作用，对前立柱也有加强作用。为便于维修，左右转角结构件大多采用螺栓连接的可





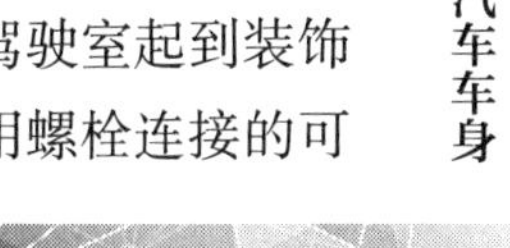

拆卸式结构。

为提高前部结构的整体性，仪表板支架横向将左右立柱连为一体。前蒙皮又以铆接或焊接方式将前部结构件包容起来，形成了合理的车身外形。

底部构件主要由车底横梁、纵梁、左右车门槛和冲压成型的底板组焊而成，是起支承驾驶室整体作用的基础性构件，与前部结构共同承受驾驶室翻转时的重力载荷。与前部构件不同的是，行驶中底部构件还承受来自驾驶室内部的其他载荷。纵向贯通的两根底梁与车门下槛等都起着决定性的重要作用。

2）驾驶室的安装机构。翻转式驾驶室的安装机构分为前后两个部分，其中前部承担扭力，用于使驾驶室翻转；后部则用于锁住驾驶室，防止其自行向前翻转。除此之外，这两部分还承担着驾驶室的减振与支承作用。

驾驶室前部的支承结构由一根焊有驾驶室底框支承座的管梁和两个装有减振橡胶套的支承架组成，如图 6–7 所示。驾驶室后部的支承结构分别由两个支架和装有橡胶减振垫的支承座组成。

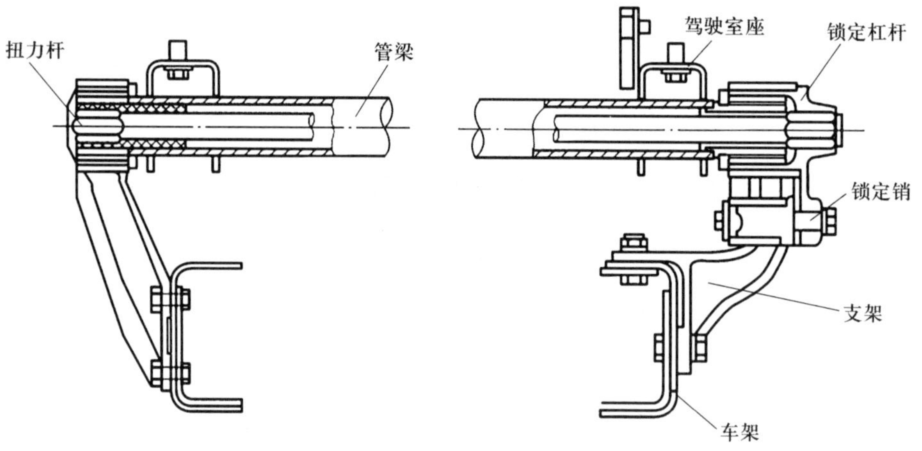

图 6–7　翻转式驾驶室的前部支承

驾驶室后部下方的拱形梁上装有用于扣紧驾驶室的爪形主挂钩，它与安装在驾驶室底部的挂钩座相啮合，就是驾驶室的正常安装位置，如图 6–8 所示。主挂钩通过拉杆与释放操纵手柄相连。

驾驶室外侧还备有一个安全钩，当驾驶室被拉下时安全钩先挂住驾驶室外侧钩座。扳动手柄可使安全钩进一步下拉，驾驶室随即达到安装位置。安全钩与主挂钩锁定机构不相连接，可独立扳动手柄使之脱开。

（2）长头式货车驾驶室。长头式货车驾驶室位于发动机舱后，发动机舱盖占去了车身长度的一部分，使货车的长度受到了限制，但驾驶室内的空间比平头式驾驶室大。

长头式驾驶室可分为前、后两个部分，即车头和驾驶室主体。车头部分的发动机舱盖按开启方式不同可分为鳄口型和车头翻转型两种（见图 6–9）。鳄口型车头的整体

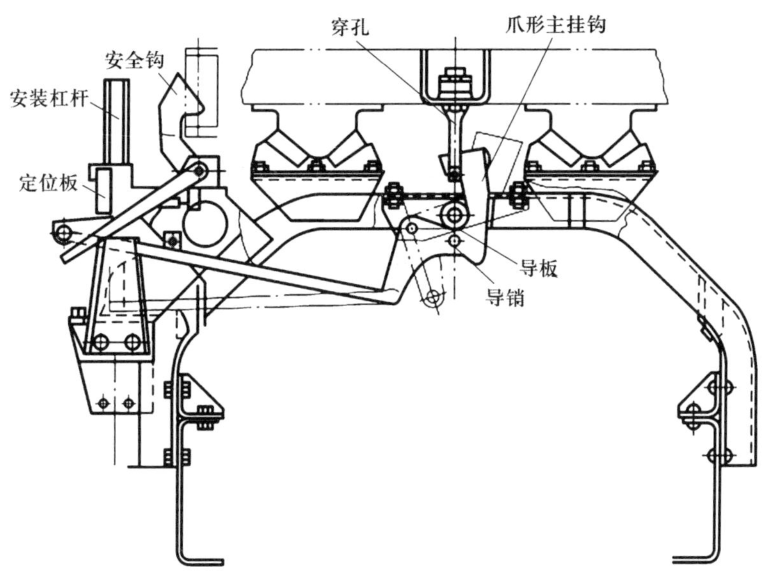


图 6-8　翻转式驾驶室的后安装机构

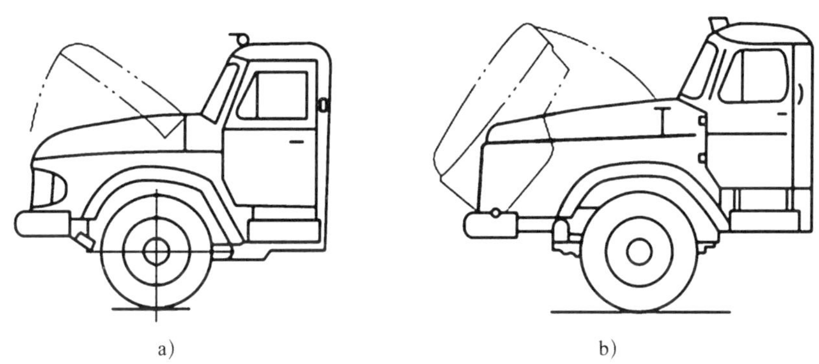


图 6-9　长头式驾驶室的外形
a）鳄口型　b）车头翻转型

性能好，但开启后发动机室的敞口小；翻转型车头较好地解决了开启后发动机室的敞口小的问题，但也存在发生碰撞事故后波及范围大、修理难度高的不足。这两种车型的驾驶室主体部分在结构上区别不大，在驾驶室的车前钣金件上区别较大。

1）鳄口型驾驶室。鳄口型驾驶室的主体与车头用螺栓组装在一起，以六点弹性悬置固定在车身上。鳄口型驾驶室主要由驾驶室主体、翼子板、发动机舱盖、散热器支架（兼作前悬支承）等构件组成，如图 6-10 所示，全部零件由薄钢板冲压成型并以点焊方式组合成若干单元。为了确保驾驶室的密封，避免各装配零件相互摩擦，各有关装配零件之间装有密封条，这一措施对防止车身零件磨损、降低车身噪声及确保密封都起着关键性作用。

发动机舱盖铰链多采用平衡弹簧支承式，可以使发动机舱盖在开启或关闭时轻便自如，锁止可靠。

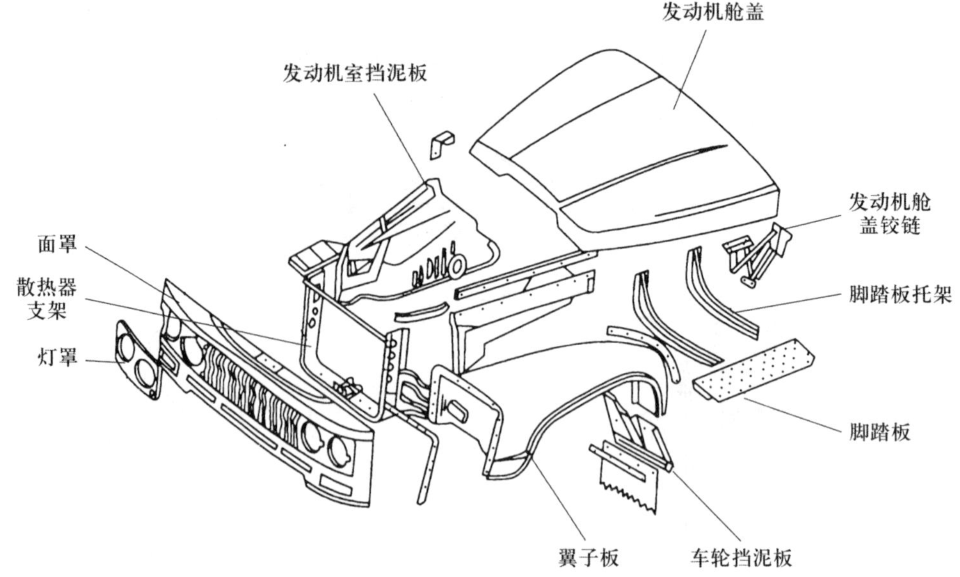


图 6–10　鳄口型车头驾驶室的车前钣金件

2）车头翻转型驾驶室。车头翻转型驾驶室的驾驶室主体为半骨架全金属封闭式，门框、门槛、底板、前围板、后围板等主要承载部位均采用箱形断面结构，以确保其整体刚度。车前钣金件主要由发动机舱盖、管梁、挡泥板等构件组成，如图 6–11 所示。

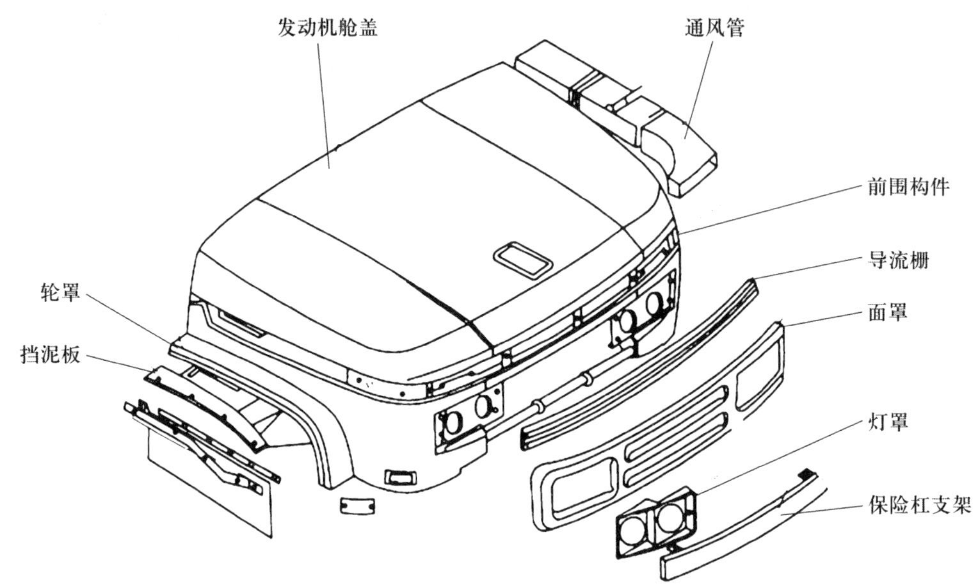


图 6–11　车头翻转型驾驶室的车前钣金件

整体式车头装有扭杆式翻转机构，可使车头整体向前翻转一定角度，对发动机总成的接近性好，能很大程度地改善维修性。为防止车头意外自动开启，除装有舱盖锁外，一般都要附加一套安全保险装置。

与可翻转式平头驾驶室一样，这种汽车驾驶室的车头上面也装配了扭杆式助力翻转机构。车头与支承管梁固定并通过悬置与车架连接，管内的扭杆左端用花键与轴套总成装配在一起，右端则通过花键与管梁连接。

当车头处于全翻转位置时，扭杆处于能量释放终了状态。将车头拉下使其处于安装位置时，扭杆轴套及连动杆同时作用，管梁在转动一定角度的过程中，使扭杆受扭并储存了能量。当车头锁被打开时，这一能量将会得到释放，车头因此而翻转自如。

3）驾驶室悬置。为减轻由于车架扭曲变形和振动对驾驶室的影响，驾驶室通过具有适当弹性的橡胶垫安装在车架上，这些支承点通常称为悬置点。

驾驶室悬置有三点式、四点式、五点式和六点式。三点式悬置对装置误差要求低，装置误差容易补偿，同时，三点式悬置驾驶室受车架的变形影响小，但若驾驶室较为宽大，则其横向稳定性差，会有左右晃动的现象。四点式悬置与三点式悬置特点相反。无论是三点式悬置还是四点式悬置，一般前边总是两点，而且分开布置在靠近车门前支柱附近。

一般在汽车上采用三点式和四点式悬置系统，因为在振动比较大时，悬置点的数目增多，当车架变形时，有的悬置点会发生错位，使发动机或悬置支架受力过大而造成损坏。

### 2. 货车车厢

货车车厢按装载的货物不同可分为栏板式、集装箱式、平板式三种，如图 6–12 所示。

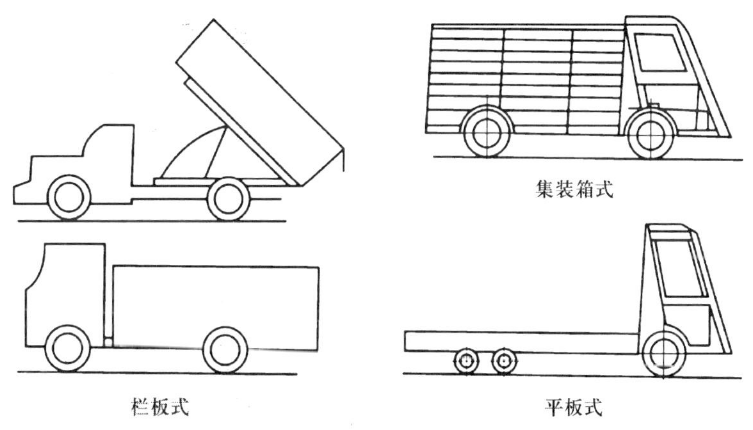


图 6–12　货车车厢结构形式

（1）栏板式。即车厢的周边装有可开启的挡货栏板。较短的车厢为单开式（一般为后开），其余车厢栏板均为固定式；较大的车厢为三开式（三面栏杆均可开启）。

车厢前端的防护架也是栏板式车厢的组成部分，它与车厢底板固定在一起，防止货物在运输中前移而危及驾驶室。

（2）集装箱式。集装箱式车厢利用型材或冲压的构件制成框架，再覆蒙皮形成封闭壳体，主要用于运送特定的货物。为提高强度和使蒙皮不至于产生振动，几乎所有

表面都制成波纹肋，加之与底板刚性连接，可使整个壳体具有很大的刚度和承载能力。

铝合金集装箱式车厢开始在一些有特种用途的货车上采用，这种集装箱式车厢一般采用六块板式结构，接合部借助主体框架用螺钉、铆钉等连接在一起。这种车身对阳光的反射率高，能使车内温度降低，适合运输一般的药品和食品等。

（3）平板式。平板式车厢主要用于承运集装箱，与其他各类货车车厢的区别在于平板四周装有集装箱锁，是专为防止集装箱在运输过程中发生倾翻和位移而设置的。

## 三、客车车身结构

客车车身由基础性构件和非基础性构件组成，基础性构件是客车车身的主体。承载式客车车身的基础性构件主要包括车底架（或车架）、骨架、车顶及蒙皮等。

### 1. 底架或车架

无车架承载式客车车身没有独立的车架，发动机和底盘的主要总成都直接装配在底架上，因此底架则需要有足够的强度和刚度。

底架或车架多用高强度钢板冲压成型后组焊而成。采用封闭型截面梁时，应注意端口的封闭与通风，表面锐边应修磨平整；与其他构件铆接或用螺栓连接时，应夹垫 1 mm 以上厚度的减磨垫片；修补或矫正时应避免用火焰法加热；选择电焊条时也应根据钢材的特性而定。

### 2. 骨架

骨架的使用寿命在一定程度上决定着骨架式车身的耐久性。用抗扭性很高的异形钢管构成的骨架使用寿命长、工艺性好，但成本高。一般用高强度钢板冲压成型，采用车身外蒙皮将断面的开口封闭，可以获得较好的强度和质量，如图 6–13 所示。

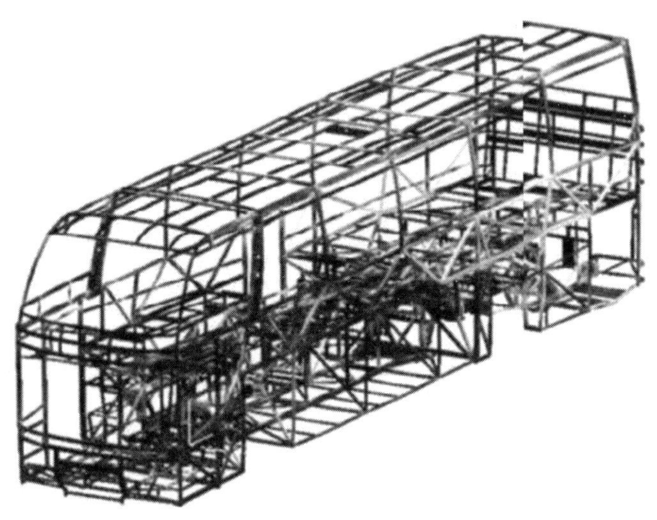

图 6–13　客车车身骨架

为提高骨架的耐腐蚀能力，除在结构上解决内腔的通风问题外，还应留有便于涂装作业的涂装工艺孔，在车身维修作业过程中应注意有针对性地加以利用。个别客车的骨架内腔还注有聚氨基甲酸酯溶液加发泡剂的防腐材料，从事焊接作业前应注意做好检查工作。

### 3. 车顶

车顶是车身上重要的基础构件，其载荷主要来自行李架、扶手座。承载式车身的车顶还与车身的其他构件一起共同承受车身整体的变形应力。采用具有一定深度的拱形顶盖可提高车顶的承载能力。沿顶盖的周边是箱形断面的圈梁，它与窗柱的刚性连接提高了车身的整体性。

车顶上部不宜开设天窗，以防削弱车顶的强度、影响密封性。如果需要开设天窗，应避开顶盖的拱形梁和顶盖纵梁，并采取相应行之有效的防锈与密封措施。

### 4. 蒙皮

骨架式车身的外蒙皮随车身形状的变化覆盖在骨架上，并以此构成了不同曲面的客车外形。非承载式车身的蒙皮可以认为是不承载的，承载式车身的蒙皮还要与骨架一起承受车身整体变形时产生的剪切力，无骨架或半骨架车身的外蒙皮是承受载荷的构件。

# 第2节　车 身 附 件

## 一、车门

### 1. 车门类型

车门是车身的重要组成部分，对车门的要求如下。

（1）具有必要的开度，在最大开度时保证上下车方便。

（2）安全可靠，行车时车门不会自动打开。

（3）开关方便，玻璃升降方便。

（4）具有良好的密封性。

（5）具有足够的刚度，不易变形下沉，行车时不震响。

车门的结构形式很多，常见的有旋转式车门、推拉式车门、折叠式车门和上掀式车门，如图 6-14 所示。

旋转式车门应用较广，最具代表性，主要用于轿车。车门大多设有单独的上窗框，用作玻璃升降的导轨，并安装密封条。车门的整体密封性、防尘、防水性能要求比较高。

推拉式车门适用于客车和部分厢式货车，支承与滑动主要依靠安装在车门上、中、下的三个滑轨及与之配合的滚柱。

折叠式车门广泛用于大、中型客车的乘客门，如城市客车、长途客车等。折叠式车门的启动方式普遍采用气动。

旋转式车门

推拉式车门

折叠式车门

上掀式车门

图 6–14 车门的形式

上掀式车门广泛用于乘用车或轻型商用汽车、救护车等的后门，便于装卸物品及人员出入。

### 2. 车门结构

车门由壳体、附件和内饰盖板三部分组成，如图 6–15 所示。壳体按结构可分为整体式和框架式。整体式车门的玻璃窗框是与车门内、外板一体冲压制成的，其优点是车门零件数少、组装方便、刚度大，便于设两道密封条；缺点是加工困难，需大型冲压设备。框架式车门的玻璃窗框是用螺钉固定或焊接在门体上的。

车门壳体由厚度为 0.8 ~ 1.0 mm 的钢板冲压的外板和内板等焊接而成。外板外形与整车协调，外板包着内板，沿着门的边缘形成一刚性箍。内板是车门的主要零件，在内板上冲有各种形状的穴窝、加强肋和孔洞，以便安装附件，安装完附件后，用内饰板将其遮盖。

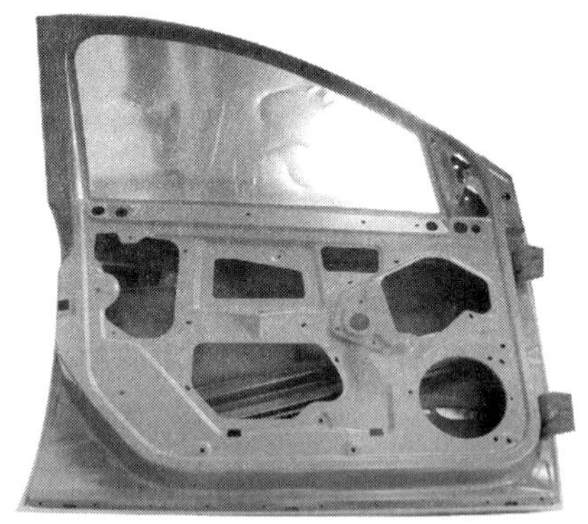
图 6–15 车门结构

## 二、门锁

门锁如图 6–16 所示，要求工作可靠，在汽车行驶时车门不得自动打开，开启与关闭轻便，磨损小，使用寿命长。门锁按操纵方式可分为普通门锁和自动门锁。

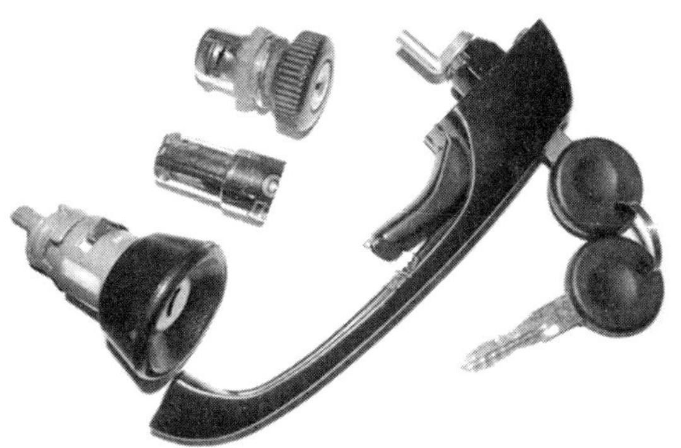

图6-16　门锁

普通门锁按结构大致可分为舌式、棘轮式和凸轮式三种类型。舌式锁在现代汽车上已经被淘汰。

电子防盗锁属于汽车自动锁的一种类型，可以分别控制车门、油路及电路、变速器操纵杆、转向轴、警报蜂鸣器、发动机舱盖以及行李舱盖等。

## 三、车窗

车窗是车身的重要组成部分，包括汽车前、后风窗和侧窗。

车窗的造型、结构和质量对驾驶员的视野、乘客的舒适感、车辆外形的美观及空气动力性等都有较大的影响，因此在设计和制造工艺方面均有严格的要求，以得到满意的车窗形状及准确的玻璃轮廓曲线。

### 1. 风窗

现代汽车的风窗，不论是乘用车、客车还是货车，多数采用全景曲面玻璃（也称为大圆弧风窗玻璃）。按照形成曲面的母线形状，曲面可分为直线曲面（母线为直线）和曲线曲面（母线为曲线）。现代汽车多采用单曲面风窗玻璃，其曲面形状或全部为柱面，或中间大部分区域采用柱面，两侧比较弯曲的区域采用柱状面。

曲面风窗均是封闭的，在车身的风窗口与风窗玻璃之间用橡胶密封条连接并封闭。密封条用挤压成型法制造，起着密封与缓冲作用，可以防止车身扭转、窗口变形时损坏风窗玻璃。为提高密封性能，可在密封条、玻璃、车身风窗口法兰边之间充填不干的密封胶（湿性填料）。

### 2. 侧窗

侧窗必须满足车内采光、通风及乘员视野开阔的舒适性要求，并且防水、防尘、防震，开关轻便灵活。

现代汽车侧窗主要采用推拉式侧窗和升降式侧窗。

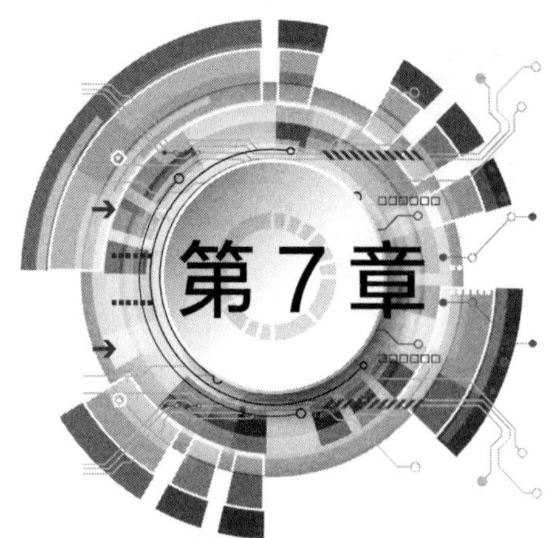


# 新能源汽车

## 第1节　新能源汽车的分类

2020年7月，我国对《新能源汽车生产企业及产品准入管理规定》进行了修订，明确指出：新能源汽车，是指采用新型动力系统，完全或者主要依靠新型能源驱动的汽车，包括插电式混合动力（含增程式）汽车、纯电动汽车和燃料电池汽车等。

### 一、插电式混合动力汽车

插电式混合动力汽车是介于纯电动汽车与燃油汽车两者之间的一种新能源汽车，既有传统汽车的发动机、变速器、传动系统、油路、油箱，又有纯电动汽车的电池、电动机、控制电路，而且电池容量比较大，有充电接口。插电式混合动力汽车综合了纯电动汽车和混合动力汽车的优点，既可实现纯电动、零排放行驶，又能通过混动模式增加车辆的续驶里程。

### 二、纯电动汽车

纯电动汽车是指以车载电源为动力，用电机驱动车轮行驶，符合道路交通、安全法规各项要求的车辆。

### 三、燃料电池汽车

燃料电池汽车是一种用车载燃料电池装置产生的电力作为动力的汽车。与常规的电动汽车相比，其动力方面的不同在于燃料电池汽车所用电力来自车载燃料电池装置，电动汽车所用电力来自电网充电的蓄电池。

# 第 2 节　新能源汽车的基本结构与工作原理

## 一、插电式混合动力汽车

传统的混合动力汽车不需要外接充电，由制动时回收的动能为动力电池充电或车辆在低速行驶时由发动机为动力电池充电。

插电式混合动力汽车可以在纯电动模式下行驶，也可以在发动机与驱动电动机共同工作的混合动力模式下行驶。在混合动力模式下行驶时，与普通的混合动力汽车的工作原理一致；在纯电动模式下行驶时，仅由动力电池组供应能量，从而实现纯电力驱动与零排放。因而在动力电池组电量用尽后需要外接充电，所以称之为插电式混合动力汽车。

### 1. 插电式混合动力汽车优缺点

（1）与非插电式混合动力汽车相比，插电式混合动力汽车的电池容量更大，行驶里程更长。如果有较好的充电条件，插电式混合动力汽车可以不用加油，当作纯电动汽车使用，具有纯电动汽车的优点。

（2）与纯电动汽车相比，插电式混合动力汽车的电池容量要小很多，但是其带有传统燃油车的发动机、变速器、传动系统、油路、油箱，因此在无法充电时，只要有燃油就可以一直行驶下去，行驶里程不受充电条件的制约，具有燃油汽车的优势。

（3）插电式混合动力汽车结合了传统混合动力汽车的优点，在提供较长的续航里程的同时也能满足纯电力行驶的需求，起到了良好的能源替代作用。

（4）插电式混合动力汽车集纯电动汽车和燃油汽车两套完整的动力系统为一体，因此成本较高，结构复杂，质量也比较大。

### 2. 插电式混合动力汽车的组成及工作过程

（1）串联式插电式混合动力汽车。串联式插电式混合动力汽车主要由发动机、发电机、电动机和动力蓄电池等部件组成。发动机仅用于发电，所发出的电能一部分供给电动机驱动汽车行驶，另一部分向动力蓄电池充电。另外，动力蓄电池还可以单独向电动机提供电能来驱动汽车，使插电式混合动力汽车在零污染状态下行驶，如图 7–1 所示。

（2）并联式插电式混合动力汽车。并联式插电式混合动力汽车主要由发动机、发电机、电动机和动力蓄电池等部件组成。并联式插电式混合动力汽车可以单独使用发动机或电动机作为动力源，也可以同时使用电动机和发动机作为动力源来驱动汽车，如图 7–2 所示。

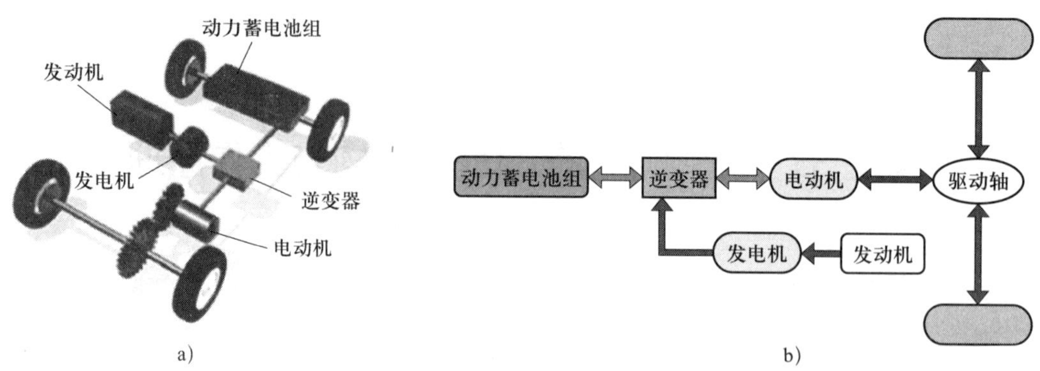

图 7–1 串联式插电式混合动力汽车示意图
a）组成 b）工作过程

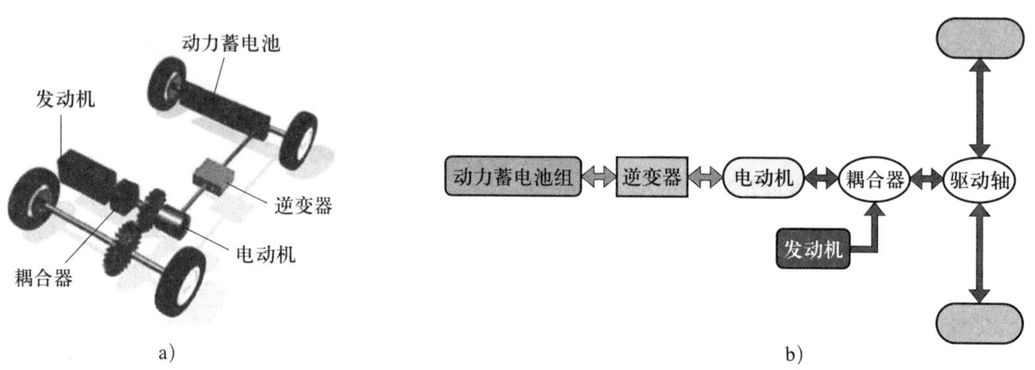

图 7–2 并联式插电式混合动力汽车示意图
a）组成 b）工作过程

（3）混联式插电式混合动力汽车。混联式插电式混合动力汽车又称为动力分流式汽车，一般需要 2 台电机（一台发电机和一台电动机），同时需要一套用于动力分流的行星齿轮装置。该类型的汽车结构和控制最为复杂，代表车型为丰田普瑞斯（Prius）。

丰田普瑞斯所采用的混合动力驱动方式将发动机、发电机和电动机通过一个行星齿轮机构连接起来，动力从发动机输出到与其相连的行星齿轮结构，行星齿轮结构将一部分转矩传送到发电机，将另一部分转矩传送到电动机，并输出到驱动轴。此时汽车不是串联式，也不是并联式，而是介于串联式和并联式之间，充分利用了两种驱动方式的优点，如图 7–3 所示。

### 3. 混合动力汽车的分类

根据在混合动力系统中电动机的输出功率占整个系统输出功率中的比重（混合度）的不同，混合动力系统还可以分为以下四类。

（1）微混合动力系统。这种混合动力系统在传统内燃机的起动机（电压一般为 12 V）上加装了传动带驱动启动电动机，用来控制发动机的启动和停止，从而取消了发动机的怠速，降低了油耗和排放。从严格意义上讲，这种微混合动力系统的汽车不属于真正的混合动力汽车，因为它的电动机并没有为汽车行驶提供持续的动力。

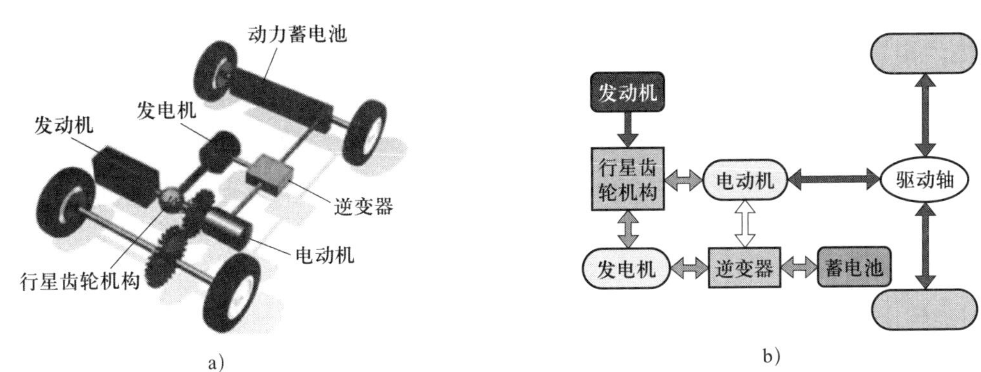


图 7–3　混联式插电式混合动力汽车示意图

a）组成　b）工作过程

（2）轻混合动力系统。该混合动力系统采用了集成启动电动机，除了能够实现用发电机控制发动机的启动和停止外，还能够完成以下工作：在减速和制动工况下，对部分能量进行吸收；在行驶过程中，使发动机等速运转，发动机产生的能量可以在车轮的驱动需求和发电机的充电需求之间进行调节。轻混合动力系统的混合度一般在 20% 以下。

（3）中混合动力系统。中混合动力系统采用的是高压电动机，并增加了一个功能：在汽车处于加速或者大负荷工况时，电动机能够辅助驱动车轮，从而补充发动机本身动力输出的不足，更好地提高整车的性能。这种系统的混合程度较高，可以达到 30%，目前技术已经成熟，应用广泛。

（4）完全混合动力系统。与中混合动力系统相比，完全混合动力系统的混合度可以达到甚至超过 50%。技术的发展将使得完全混合动力系统逐渐成为混合动力技术的主要发展方向。

## 二、纯电动汽车

纯电动汽车如图 7–4 所示，完全由电池（如锂离子电池、锂聚合物电池、镍氢电池、磷酸铁锂电池或三元锂电池）提供动力，具有零排放、多能源、平抑电网的峰谷差、高效率、无噪声等优点。

图 7–4　纯电动汽车

纯电动汽车分为电力驱动系统、主能源系统和辅助控制系统三个系统，基本结构如图 7-5 所示。根据驾驶者加在加速踏板和制动踏板上的信号，电动机控制器发出相应的控制信号以控制功率转换器。功率转换器用来调节电动机和能量源间的能源流，电动汽车制动能量再生后被能量源吸收，称作能源回流，多数电动汽车的能量源（蓄电池、超级电容和飞轮等）都能够吸收制动再生能源。电动机控制器和功率转换器一起控制可再生制动能量，以实现系统能源流的最优化。辅助动力源向所有的电动汽车辅助装置提供不同电压的电源。电动机是电动汽车驱动系统的核心，可将蓄电池提供的电能转化为机械能，从而完成电动汽车的调速、转向、制动等操作。

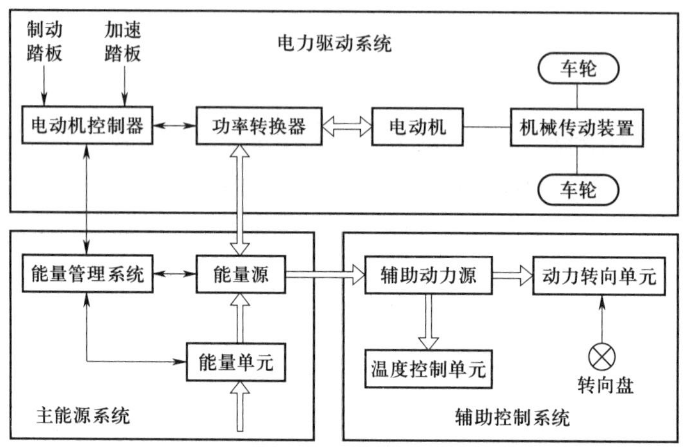


图 7-5　纯电动汽车的基本结构框图

纯电动汽车蓄电池可以通过家用 220/230 V 电源直接充电，如图 7-6 所示。根据蓄电池情况，充电时间为 6 ~ 10 h。如果采用专用充电桩充电，选择快充电模式，一般 0.5 h 即可充满电池容量的 80%。

图 7-6　纯电动汽车的充电

## 三、燃料电池汽车

燃料电池汽车是以燃料电池作为动力系统的汽车，如图 7-7 所示。燃料电池通过氧气与氢气结合成水的简单电化学反应而发电。

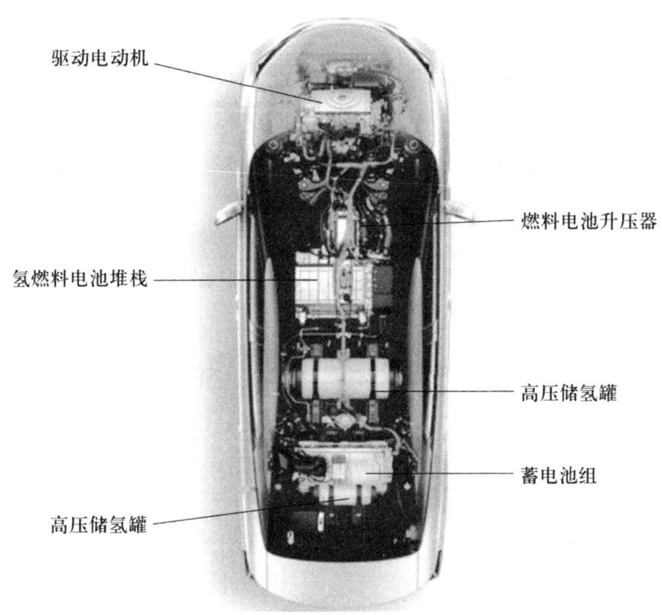


图 7-7　氢气燃料电池汽车

### 1. 燃料电池的基本原理

燃料电池的基本原理如图 7-8 所示。燃料电池在工作时向阳极供给燃料（氢气或其他燃料，以氢气为例），向阴极供给氧化剂（空气或氧气）。氢气在阳极分解成氢离子 $H^+$ 和电子 $e^-$，氢离子进入电解质中，而电子则沿外部电路移向正极，用电负载就接在外部电路中；在阴极上，氧同电解质中的氢离子在阴极吸收抵达阴极的电子形成水。由此可见，燃料电池中氢气和氧气通过质子交换膜，在催化剂的作用下发生电化学反应，产生电流的同时只生成水，具有效率高、零排放和噪声低的优点。

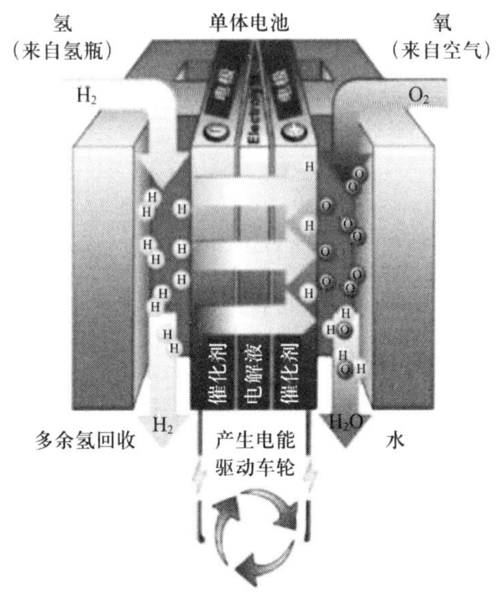


图 7-8　燃料电池的基本原理

### 2. 燃料电池汽车的基本结构

燃料电池汽车动力系统结构多种多样，目前常用的有纯燃料电池（FC）、燃料电池和辅助电池联合驱动（FC+B）、燃料电池和超级电容联合驱动（FC+C）、燃料电池加辅助电池加超级电容联合驱动（FC+B+C）四种结构。燃料电池和辅助电池动力系统如图 7–9 所示。

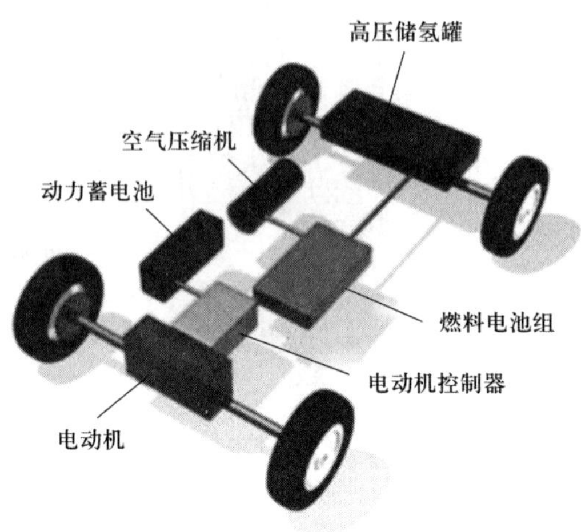


图 7–9　燃料电池和辅助电池动力系统

# 第8章 汽车维修常用工具与设备

## 第1节 常用工具及使用方法

### 一、钳子

#### 1. 分类

汽车维修中常用的钳子有鲤鱼钳、尖嘴钳、钢丝钳和挡圈钳等，如图 8–1 所示。

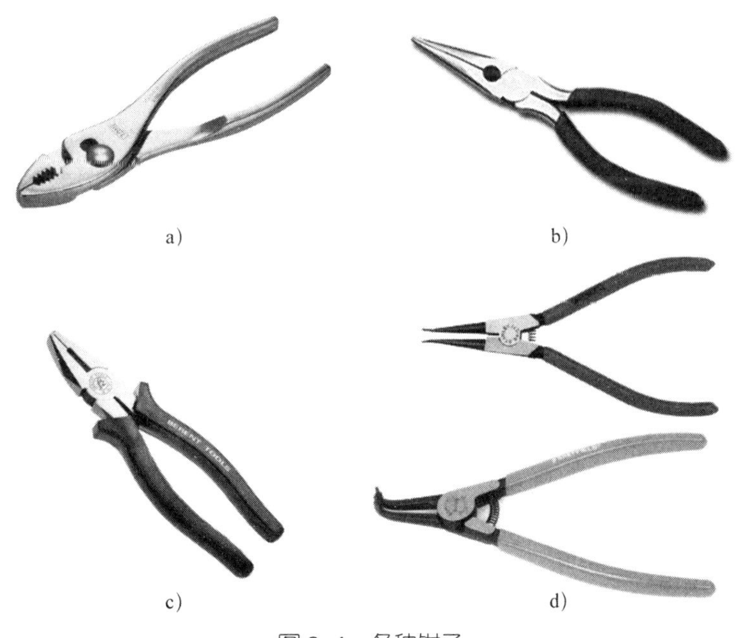

图 8–1 各种钳子

a）鲤鱼钳 b）尖嘴钳 c）钢丝钳 d）挡圈钳

（1）鲤鱼钳（见图 8–1a）。用来夹持扁形或者圆形工件的专用钳，因外形酷似鲤鱼而得名。鲤鱼钳一般有两挡尺寸可调，可放大或缩小使用，在汽修行业中运用较多。

（2）尖嘴钳（见图 8–1b）。能在较狭小的工作空间操作，不带刃口的尖嘴钳只能完成夹捏工作，带刃口的尖嘴钳能剪切细小工件及较细的导线。

（3）钢丝钳（见图 8–1c）。按长度分为 150 mm、175 mm、200 mm 三种。钢丝钳上带有旁刃口，除能夹持工件外，还能折断金属薄板以及切断直径较小的金属线。钳柄上套有橡胶绝缘套的钢丝钳多在带电的场合使用。

（4）挡圈钳（见图 8–1d）。用于拆装弹性挡圈。由于挡圈形式分为孔用和轴用两种，挡圈钳可分为孔用挡圈钳和轴用挡圈钳。按照挡圈安装部位不同，挡圈钳又可分为直嘴式挡圈钳和弯嘴式挡圈钳。

### 2. 使用注意事项

（1）钳子的规格应与工件规格相适应，以免钳子小而工件大，造成钳子受力过大而损坏。

（2）使用前应先擦净钳子柄上的油污，以免工作时滑脱而造成事故。

（3）使用后应及时将钳子擦拭干净，保持清洁。

（4）严禁用钳子代替扳手拧紧或拧松螺栓、螺母等带棱角的工件，以免损坏螺栓、螺母等工件的棱角。

（5）使用时，不允许用钳子切割过硬的金属丝，以免造成刃口损坏或钳体损伤。

（6）使用时，不允许用钳柄代替撬棒撬物体，也不可用钳子代替锤子敲击零件，以免造成钳柄弯曲、折断或损坏。

## 二、旋具

### 1. 分类

汽车维修常用的旋具有一字旋具和十字旋具两种，如图 8–2 所示。一字旋具常以杆部分的长度来区分，常用规格有 50 mm、75 mm、125 mm、150 mm 等，主要用于拆装一字槽口的螺钉。十字旋具按十字口的直径可分为 2 ~ 2.5 mm、3 ~ 5 mm、5.5 ~ 8 mm、10 ~ 12 mm 四种规格，专用于拆装十字槽口的螺钉。

图 8–2　旋具

### 2. 使用注意事项

（1）使用前应擦拭干净旋具柄和口端的油污，以免工作时滑脱而发生意外。

（2）选用的旋具口端应与螺钉上的槽口相吻合。刀口端太薄容易折断，太厚则不能完全嵌入槽口内，而使旋具口和螺钉槽口损坏。

（3）使用时，不允许将工件拿在手上用旋具拆装螺栓，以免旋具从槽口中滑出伤手。

（4）使用时，不可用旋具当撬棒或錾子使用。

（5）正确的握持方法应为以右手握持旋具，手心抵住旋具柄端，让旋具口端与螺钉槽口处于垂直吻合状态。当开始拧松或最后拧紧时，应用力将旋具压紧后再用手腕力按需要的力矩扭转旋具。当螺钉松动后，即可使手心轻压住旋具柄，用拇指、中指和食指快速扭转。使用较长的螺钉旋具时，可用右手压紧和转动旋具柄，左手握在旋具柄中部，防止旋具滑脱，保证安全工作。

（6）使用后应及时将旋具擦拭干净，保持清洁。

## 三、扳手

### 1. 开口扳手

开口扳手如图 8–3 所示，主要用于拆装一般标准规格的螺栓或螺母。使用时可以上下套入或直接插入，具有使用方便的特点。

操作时应注意确保工具的直径与螺栓或螺母的头部大小合适，使工具与螺栓或螺母完全贴合，如图 8–4 所示。

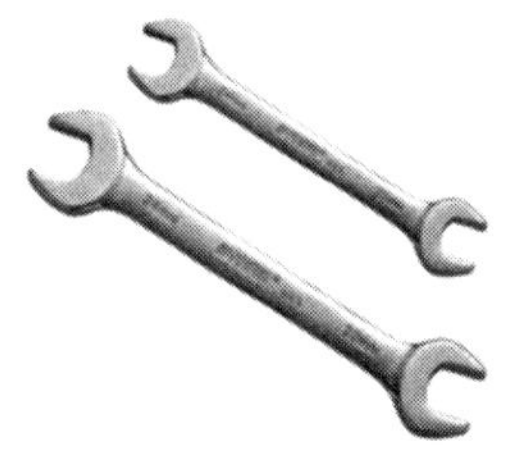

图 8–3　开口扳手

图 8–4　开口扳手的使用

### 2. 梅花扳手

梅花扳手如图 8–5 所示，常用的有六件套、八件套两种，适用于拆装范围在 5.5 ~ 27 mm 之间的螺栓或螺母。梅花扳手的使用方法如图 8–6 所示，使用时应选择合适的规格。

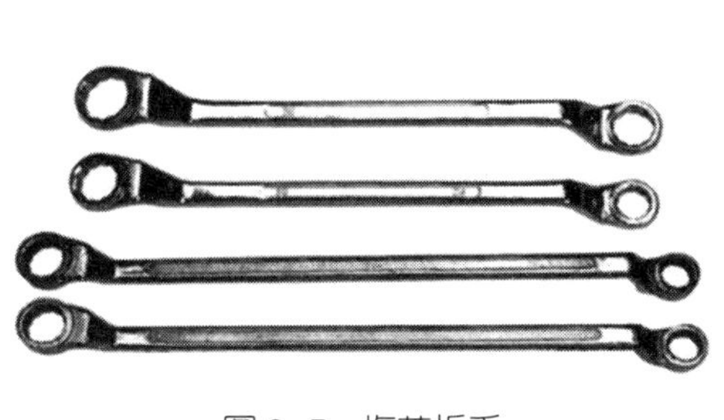

图 8–5　梅花扳手

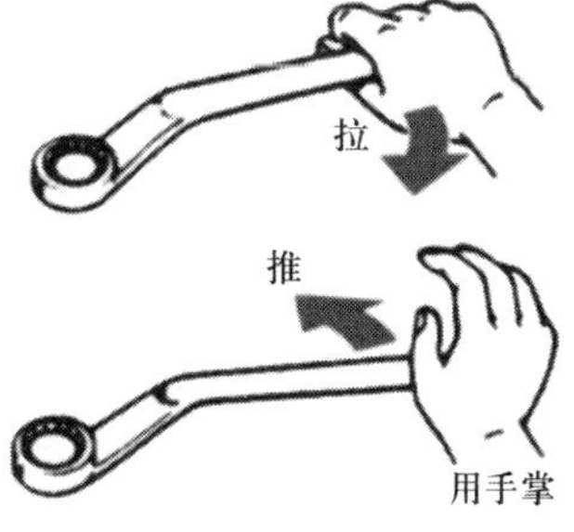


图 8–6　梅花扳手的使用方法

### 3. 套筒扳手

套筒扳手是一种组合型工具，使用时由几件共同组合成一把扳手，如图 8–7 所示。套筒扳手适合拆装部位狭小、特别隐蔽的螺栓或螺母。

### 4. 活扳手

活扳手的开口端可以根据需要在一定范围内进行调节，如图 8–8 所示，主要用于拆装尺寸不规则的带有棱角的螺栓或螺母。

图 8–7　套筒扳手　　　　图 8–8　活扳手

活扳手的正确使用方法如图 8–9 所示，使用时应注意以下事项。

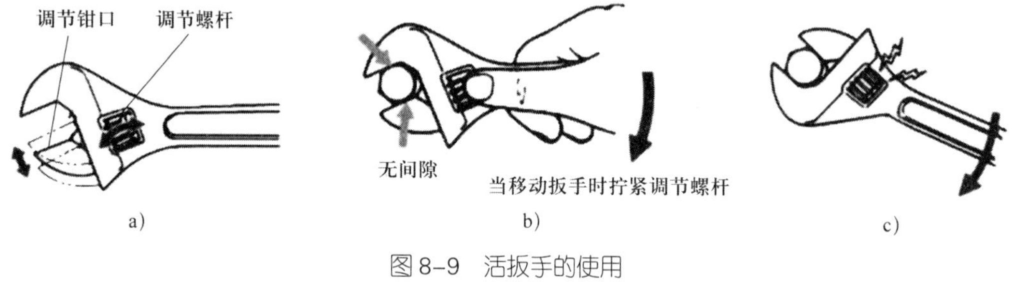


图 8–9　活扳手的使用

a）结构　b）正确操作　c）错误操作

（1）旋转调节螺杆以改变钳口大小，使一个活扳手可代替多个开口扳手。

（2）不适于施加大扭力。

（3）使调节钳口在旋转方向上来转动扳手，否则压力将作用在调节螺杆上，使其损坏。

### 5. 扭力扳手

扭力扳手是一种与套筒扳手中的套筒配合使用，能显示扭转力矩的专用工具，如图 8–10 所示为数显扭力扳手。用扭力扳手拧紧螺栓或螺母时，其力矩的大小能及时被指示出来。汽车维修中常用扭力扳手的规格为 0 ~ 300 N · m。在维修作业中，凡是有拧紧力矩要求的螺栓或螺母，均需用扭力扳手将螺栓或螺母拧到规定力矩。

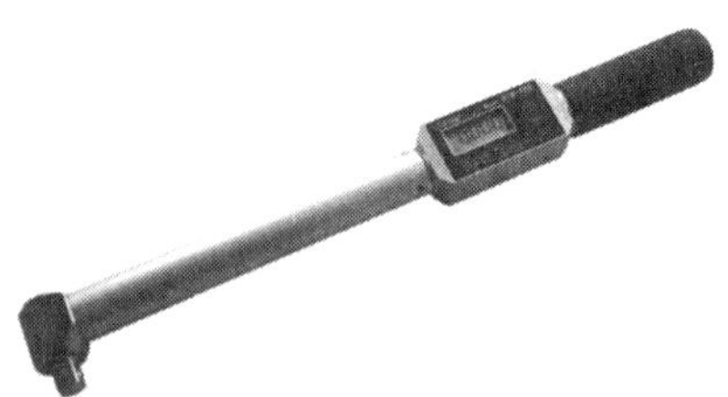

图 8–10　数显扭力扳手

使用扭力扳手必须符合规定，切忌在过载情况下使用，而造成扭力扳手失准或损坏。用完后应将扭力扳手平稳放置，避免因重物撞、压造成扳手杆或扳手指针变形而影响扳手的精度甚至损坏扳手。

### 6. 内六角扳手

内六角扳手如图 8–11 所示，用于扭转内六角头部的螺栓。

### 7. 火花塞套筒扳手

火花塞套筒扳手如图 8–12 所示，用于拆装火花塞。

### 8. 机油滤清器扳手

机油滤清器扳手如图 8–13 所示，用于拆装机油滤清器总成。

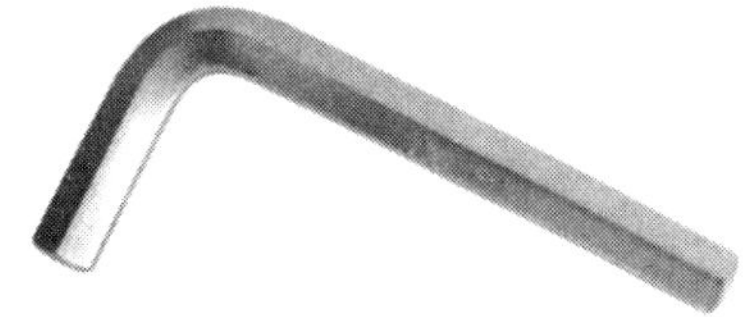

图 8–11　内六角扳手

图 8–12　火花塞套筒扳手

图 8–13　机油滤清器扳手

## 四、活塞环拆装钳

活塞环拆装钳如图 8–14 所示，用于装卸发动机活塞环，以避免活塞环受力不均匀而折断。使用活塞环拆装钳时，应将拆装钳上的环卡卡住活塞环开口，握住手把稍稍均匀地用力，使拆装钳手把慢慢地收缩，环卡将活塞环徐徐地张开，使活塞环能从活塞环槽中取出或装入。

注意使用活塞环拆装钳拆装活塞环时，用力必须均匀，避免用力过猛而导致活塞环折断，同时也能避免伤手事故。

## 五、气门弹簧拆装钳

气门弹簧拆装钳是一种专门用于拆装顶置气门弹簧的工具，如图 8–15 所示。使用时，应将拆装钳托架抵住气门，使压环对正气门弹簧座，然后压下手柄，使气门弹簧被压缩。这时可取下气门弹簧锁销或锁片，慢慢地松抬手柄，即可取出气门弹簧座、气门弹簧和气门等。

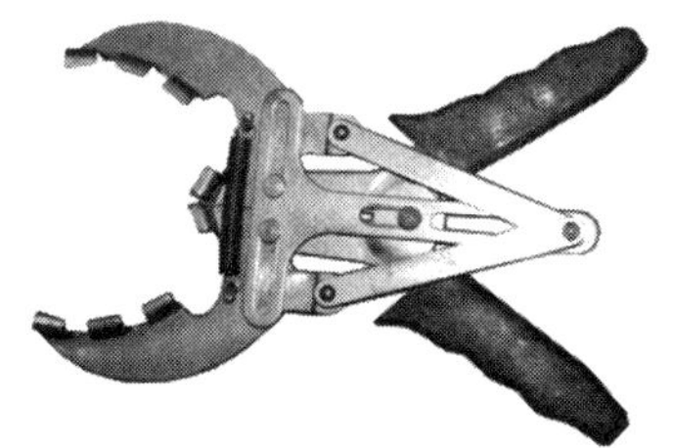

图 8–14　活塞环拆装钳

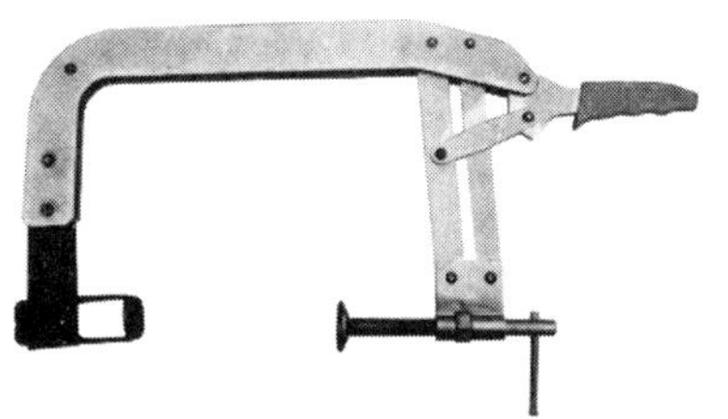

图 8–15　气门弹簧拆装钳

## 六、顶拔器

顶拔器如图 8–16 所示，主要用于拆卸发动机曲轴正时齿轮、曲轴带轮、风扇带轮、凸轮轴正时齿轮及其他位置尺寸合适的齿轮、轴承凸缘等圆盘形零件。

使用顶拔器时，当顶拔器与被拉工件安装好后，要检查拉爪是否卡紧，两边受力是否均匀、对称，垫套与轴是否对中，然后拧动螺杆接触工件后，再复查一次，确认无误后才能进行拆卸工作。

## 七、黄油枪

黄油枪用于给各润滑点加注润滑脂，如图 8–17 所示。使用黄油枪对油嘴加注润滑脂时，应对正油嘴，不得歪斜。若不进油，应停止注油，检查油嘴是否堵塞。

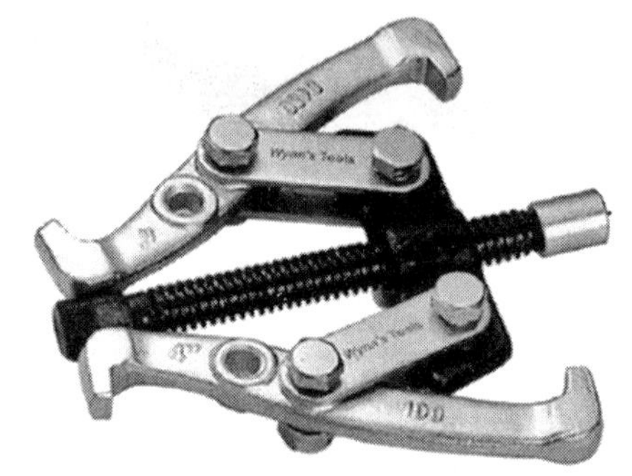

图 8–16　顶拔器

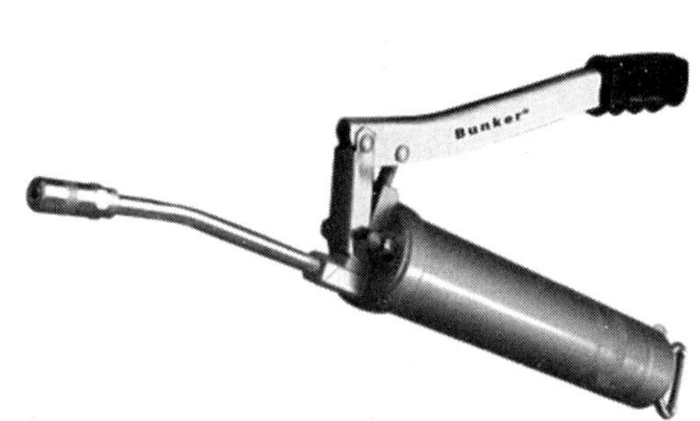


图 8–17　黄油枪

# 第 2 节　常用量具及使用方法

## 一、塞尺

塞尺是一种由多片不同厚度的标准钢片组成的测量工具，如图 8–18 所示，主要用于两个接合面之间间隙值的检验。使用时，可以用一片标准钢片进行测量，也可以用多片标准钢片组合在一起进行测量。塞尺的使用方法如下。

1. 用干净布将塞尺钢片两测量表面擦拭干净，不能在粘有油污或金属屑的情况下进行测量，否则将直接影响测量结果的准确性。

2. 将塞尺钢片插入被测间隙中，来回拉动塞尺钢片，如图 8–19 所示，若感到稍有阻力则该间隙值接近塞尺片上所标数值；若拉动时阻力过大或过小，则该间隙值小于或大于塞尺片上所标出的数值。

图 8-18　塞尺

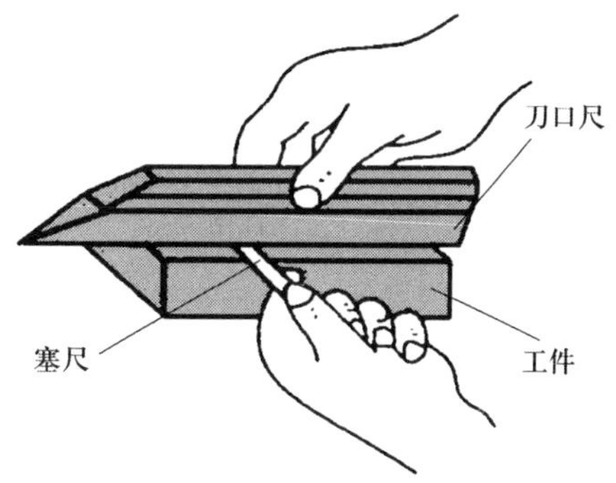


图 8-19　塞尺的使用方法

## 二、内径百分表

内径百分表又称量缸表，是一种用于测量孔径的量具，在汽车维修中主要用于测量发动机气缸和轴承座孔的圆度误差、圆柱度误差或零件磨损情况，其外形如图 8-20a 所示。下面以测量发动机气缸为例介绍其具体使用方法如下。

a）

b）

图 8-20　内径百分表

a）外形　b）测量方法

1. 一只手握住内径百分表绝热套，另一只手尽量托住百分表表杆下部，将其倾斜，稍微压缩活动测量杆并将其放入气缸内，轻轻摆动表杆，使内径百分表测量杆与气缸轴线垂直，如图 8-20b 所示。可通过观察百分表指针摆动情况来判断，当表针顺时针偏转到极限位置时，即表示测量杆已垂直于气缸轴线。

2. 内径百分表读数方法与百分表相似，大指针每转一小格是 0.01 mm，小指针每转一小格是 0.1 mm，读出百分表表头的指示数值。

3. 确定工件尺寸。如果百分表表头的小指针恰好指在被预偏转的数值，大指针正好指在“0”处，则说明被测工件的孔径（缸径）与其校表尺寸相等；若以标准尺寸进行校表，则表示工件尺寸与标准尺寸相同。如果百分表表头大指针顺时针方向转离“0”位，则表示工件尺寸小于标准尺寸；反之，则表示工件尺寸大于标准尺寸。

### 三、气缸压力表

气缸压力表是一种专门用于检查气缸内气体压力大小的仪表，如图 8–21 所示。气缸压力表的使用方法如下。

1. 启动发动机并运转到正常工作温度，旋下全部火花塞（针对汽油发动机）或喷油器（针对柴油发动机）。

2. 拆下空气滤清器并将节气门完全打开，把气缸压力表的锥形橡胶圈压紧在火花塞座孔上（见图 8–22）；柴油发动机必须采用螺纹接口式气缸压力表，将气缸压力表螺纹接口旋入喷油器座孔内。

图 8–21　气缸压力表

图 8–22　气缸压力表的使用方法

3. 用起动机带动曲轴旋转 3 ~ 5 s，使发动机转速保持在 150 ~ 180 r/min（针对汽油发动机）或 500 r/min（针对柴油发动机），这时气缸压力表所指示的压力值就是该气缸的压缩压力。

4. 按下气缸压力表上的放气阀，则压力表指针回零。

在实际测量气缸压缩压力时，每个气缸应重复测量 2 ~ 3 次。

## 第 3 节　常用设备及使用方法

### 一、千斤顶

千斤顶是一种最常用、最简单的起重工具。按照其工作原理可以分为机构丝杆式和液压式，按照所能顶起质量可以分为 3 000 kg、5 000 kg、9 000 kg 等多种不同规格。目前广泛使用的是液压式千斤顶，如图 8–23 所示。

图 8–23　液压式千斤顶

### 1. 液压式千斤顶的使用方法

（1）使用前必须检查千斤顶各部分是否正常。如手动泵的油量不足时，需先向泵中加入经充分过滤的液压油才能工作；电动泵请参考电动泵使用说明书。

（2）对于手动泵，使用时先将手动泵的快速接头与顶对接，然后选好位置，将油泵上的放油螺钉旋紧，即可工作。欲使活塞杆下降，将手动油泵手轮按逆时针方向微微旋松，液压缸卸荷，活塞杆即逐渐下降。

（3）千斤顶将重物顶升后，应及时用支承物将重物支承牢固，禁止将千斤顶作为支承物使用。

（4）如需几台千斤顶同时起重时，除正确安放千斤顶外，还应使用多顶分流阀，且每台千斤顶的负荷应均衡，注意保持起升速度同步。此外，还必须考虑因重量不匀而可能使地面下陷的情况，防止被举重物产生倾斜而发生危险。

### 2. 使用注意事项

（1）汽车在顶起或下降过程中，禁止在汽车下面进行作业。

（2）使用时应严格遵守千斤顶主要参数的规定，切忌超高、超载；否则，当起重高度或起重吨位超过规定时，液压缸可能会漏油。

（3）汽车下降时，液压开关应缓慢拧松，不能过快，以免汽车下降速度过快而发生事故。

（4）在松软路面上使用千斤顶顶起汽车时，应在千斤顶底座下加垫一块面积较大且能承受压力的材料（如木板等），以减小底座对地面的正压力，防止千斤顶在汽车重压下而下沉。

（5）千斤顶把汽车顶起后，当液压开关处于拧紧状态时，若发生自动下降故障，应寻找原因，及时排除后方可继续使用。

（6）如发现千斤顶缺油，应及时补加规定的油液，不能用其他油液或水代替。

（7）千斤顶不能用火烘热，以防皮碗、密封圈损坏。

（8）千斤顶必须垂直放置，以免油液渗漏而失效。

## 二、举升机

举升机的作用是将汽车局部或整车举升到需要的高度，以便维修人员对汽车各部分进行检查、拆卸、维护和修理作业。

举升机按控制方式不同可分为电动式举升机、气动式举升机、液压式举升机、电动液压式举升机和移动式举升机。





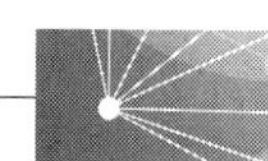

汽车维修中常用的举升机一般有单柱式举升机、双柱式举升机、四柱式举升机、剪式举升机和地沟式举升机等，如图 8-24 所示。

图 8-24　举升机的类型

单柱式举升机是将停放在地面上的汽车举升到一定高度进行维修的专用设备，是一种典型的用于汽车及工程车辆的局部举升设备，以便更换车轮轮胎或对车辆底盘进行各种维修作业的设备。

双柱式举升机是汽车修理企业常用的一种专用机械举升设备，广泛用于小型车辆的维修和保养。

四柱式举升机是大吨位汽车或货车修理企业常用的一种专用机械举升设备，适合用作四轮定位仪的平台。

剪式举升机的执行部分采用剪式叠杆形式，以电力驱动机械传动结构，目前广泛用于大型车辆的维修。剪式举升机的举升速度适中，且不占用车坑位置，对于一些车型相对固定、工作强度大的修理领域（如公共汽车等）是较好的选择。剪式举升机结构简单、同步性好，一般常用作四轮定位仪的平台。

地沟式举升机安装于地沟上面两边的轨道上，一般采用电动驱动方式，通过蜗杆蜗轮减速，带动丝杆、举升大梁升降。这种设计方式使得地沟式举升机移动更灵活，举升力更大，升降更平稳，操作、安装极为方便，是各种针对大客车、货车进行维修的维修企业理想的举升设备。

## 三、轮胎拆装机

轮胎拆装机是一种用于将汽车轮胎从轮毂上拆下、安装及充气的设备，如图 8-25 所示，主要用于轮胎的修补、更换、安装等。目前市场上主要有半自动左摆臂式、半自动右摆臂式和全自动式轮胎拆装机。

### 1. 拆卸轮胎

拆卸轮胎的步骤如下。

（1）对轮胎进行放气处理。

（2）清除车轮上的杂物和平衡块，以免损伤轮毂或发生危险。

（3）将轮胎固定在工作盘上，调整好后，踩下分离铲踏板，分离铲在气体压力作用下使轮胎松动。

（4）将轮辋固定在工作盘上，如图 8–26 所示。

图 8–25　轮胎拆装机

图 8–26　固定轮辋

（5）在轮辋边缘涂少许润滑剂，按下升降杆，使拆装器接触轮辋边缘。

（6）以拆卸器的一端为支点，用杠杆撬起轮胎外缘，踩下工作盘旋转踏板，工作盘和轮胎一起旋转，使轮胎上缘脱离轮辋，如图 8–27 所示。

（7）用同样的方法拆卸轮胎下缘，使轮胎与轮辋彻底脱离，如图 8–28 所示。

图 8–27　拆卸轮胎上缘

图 8–28　拆卸轮胎下缘

### 2. 安装轮胎

（1）将轮辋放到工作盘上并卡紧。

（2）在轮胎唇边涂少许润滑剂，将轮胎下缘一部分套装在轮辋上，踩下立柱操作踏板后按下升降杆，使升降杆靠近轮辋边缘；用手按住轮胎，踩下工作盘旋转踏板，转动轮胎，使轮胎下缘安装到轮辋上。

（3）用同样的方法将轮胎上缘装到轮辋上，操作时应边转边压。

（4）安装完毕后，对轮胎进行充气及动平衡试验。

## 四、轮胎螺母拆装机

轮胎螺母拆装机是拆装轮胎螺母的专用工具，如图 8–29 所示。

图 8–29　轮胎螺母拆装机

使用轮胎螺母拆装机前，应先检查轮胎螺母拆装机电源插座和导线绝缘是否可靠，以防发生触电事故。拆装时套筒不能偏斜，且须施加一定压力，以免滑脱而损坏螺母的棱角。最初旋松螺母时，可利用启动惯性进行敲击。紧固螺母时，敲击力不要过大，以免损伤轮胎螺栓和螺母的螺纹。拆装机用后应妥善保管。

## 五、车轮平衡机

车轮平衡机又称车轮平衡仪，可以用来检测车轮的平衡度。车轮平衡机按功能不同可分为车轮静平衡机和车轮动平衡机；按测量方式不同可分为离车式车轮平衡机和就车式车轮平衡机；按车轮平衡机转轴的形式不同可分为软式车轮平衡机和硬式车轮平衡机。

本教材只介绍常用的离车式车轮平衡机和就车式车轮平衡机。

### 1. 离车式车轮平衡机及其使用方法

（1）离车式车轮平衡机的结构。离车式车轮平衡机如图 8–30 所示，其专用卡尺如图 8–31 所示。目前应用最多的是硬式二面测定车轮平衡机。该平衡机一般由驱动装置、转轴与支承装置、指示与控制装置、制动装置、机箱和车轮防护罩等组成。驱动装置一般由电动机、传动机构等组成，可驱动转轴旋转。转轴由两个滚动轴承支承，每个轴承处均装有一个传感器；转轴的外端通过锥体和大螺距螺母等固装被测车轮。制动装置可使车轮停转。驱动装置、转轴与支承装置等均装在机箱内。车轮防护罩可防止车轮旋转时其上的平衡块或轮胎花纹内的夹杂物飞出伤人。

图 8–30 离车式车轮动平衡机

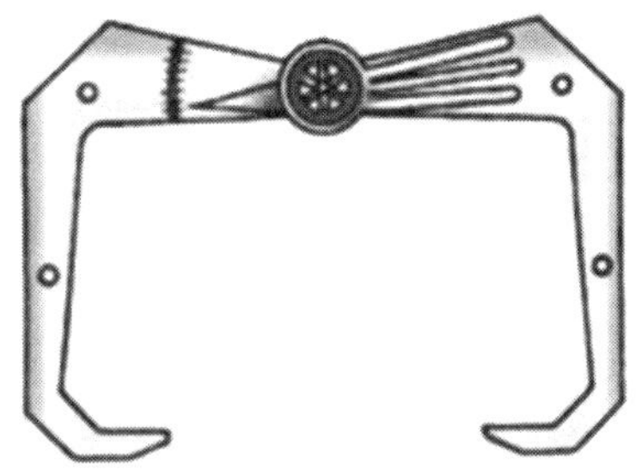
图 8–31 离车式车轮动平衡机的专用卡尺

近年来生产的车轮平衡机的指示与控制装置多为微机式，能将传感器的电信号通过微机运算、分析、判断后显示出不平衡量及相位。

为了使显示的不平衡量恰是轮辋边缘所加平衡块的质量，还必须将测得的轮辋直径 $d$、轮辋宽度 $b$ 和轮辋边缘至平衡机机箱的距离 $a$（轮辋外悬尺寸）通过键盘或选择器旋钮输入微机。

（2）离车式车轮平衡机的使用方法

1）清除被测车轮上的泥土、石子和旧平衡块。

2）检查轮胎气压，视必要充至规定值。

3）根据轮辋中心孔的大小选择锥体，仔细地装上车轮，用大螺距螺母将其紧固。

4）打开电源开关，检查指示与控制装置的面板是否指示正确。

5）用专用卡尺测量轮辋宽度 $b$、轮辋直径 $d$（也可由胎侧读出），用平衡机上的标尺测量轮辋边缘至机箱距离 $a$，用键入或选择器旋钮对准测量值的方法，将 $a$、$b$、$d$ 直接输入指示与控制装置中。为了适应不同计量制式，平衡机上的所有标尺一般都同时标有英制和公制刻度。

6）放下车轮防护罩，按下启动键，车轮旋转，平衡测试开始，微机自动采集数据。

7）车轮自动停转（或听到“滴”声，按下停止键并操纵制动装置使车轮停转）后，从指示装置读取车轮内、外不平衡量和不平衡位置。

8）抬起车轮防护罩，用手慢慢转动车轮。当指示装置发出指示（音响、指示灯亮、制动、显示点阵或显示检测数据等）时停止转动。在轮辋内侧或外侧的上部（时钟 12 点位置）加装指示装置显示该侧平衡块质量。内、外侧要分别进行，平衡块装夹要牢固。

9）安装平衡块后有可能产生新的不平衡，应重新进行平衡试验，直至不平衡量小于 5 g（0.3 oz），指示装置显示“00”或“OK”时为止。当不平衡量相差 10 g 左右时，可将平衡块沿轮辋边缘左右移动一定角度。

### 2. 就车式车轮平衡机及其使用方法

（1）就车式车轮平衡机的结构。使用就车式车轮平衡机时无须从车上拆下车轮，就车即可测得车轮的平衡状况。就车式车轮平衡机一般由驱动装置、测量装置、指示与控制装置、制动装置和小车等组成，如图 8–32、图 8–33 所示。

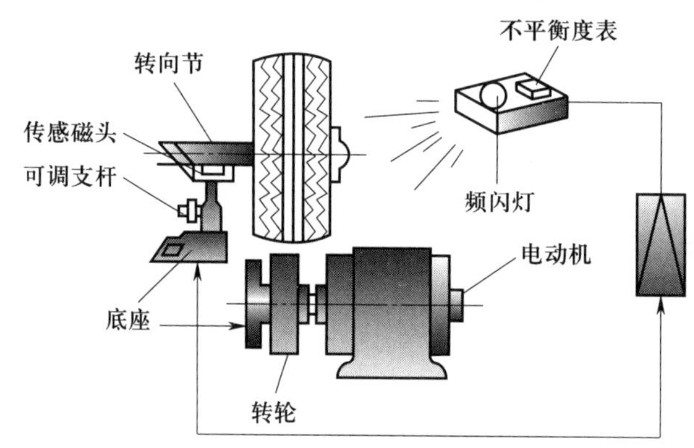


图 8–32　就车式车轮平衡机示意图

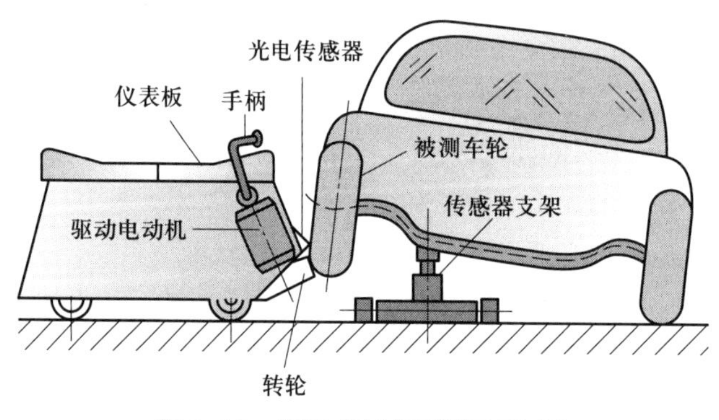


图 8–33　就车式车轮平衡机工作图

驱动装置由电动机、转轮等组成，能带动支离地面的车轮转动。测量装置由传感磁头、可调支杆、底座和传感器等组成，能将车轮不平衡量产生的振动变成电信号，送至指示与控制装置。指示与控制装置由频闪灯、不平衡度表或数字显示屏等组成，频闪灯用来指示车轮不平衡点位置，不平衡度表或数字显示屏用来指示车轮的不平衡量，不平衡量一般有两个挡位，第一挡往往用于初查时的指示，第二挡往往用于装上平衡块后复查时的指示。制动装置用于使车轮停转。除测量装置外，车轮平衡机的其余装置都装在小车上，可方便移动。

（2）就车式车轮平衡机的使用方法

1）准备工作

①用千斤顶支起车轴，使两边车轮离地间隙相等。

②清除被测车轮上的泥土、石子和旧平衡块。

③检查轮胎气压，视必要充至规定值。

④检查轮毂轴承是否松旷，视必要调整至规定松紧度。

⑤在轮胎外侧面任意位置上用白粉笔或白胶布做上记号。

2）从动前轮静平衡

①用三角垫木塞紧非测试车轮，将就车式车轮平衡机的测量装置推至被测前轮一端的前轴下，使传感磁头吸附在悬架下或转向节下，调节可调支杆高度并锁紧。

②推平衡机至车轮侧面或前面（视车轮平衡机形式不同而异），检查频闪灯工作是否正常，检查车轮转动时的旋转方向，使车轮的转动力与前进行驶时方向一致。

③操纵车轮平衡机转轮与轮胎接触，启动驱动电动机，带动车轮旋转至规定转速。

④观察频闪灯照射下的轮胎标记位置，并从指示装置（第一挡）上读取不平衡量数值。

⑤操纵平衡机上的制动装置，使车轮停止转动。

⑥用手转动车轮，使其上的标记仍处在上述观察位置上，此时轮辋的最上部（时钟 12 点位置）即为加装平衡块的位置。

⑦按指示装置显示的不平衡量选择平衡块，牢固地装夹到轮辋边缘上。

⑧重新驱动车轮进行复查测试，指示装置用二挡显示。若车轮平衡度不符合要求，应调整平衡块质量和位置，直至符合平衡要求为止。

3）从动前轮动平衡

①将传感磁头吸附在经过擦拭的制动底板边缘平整处。

②操纵平衡机转轮驱动车轮旋转至规定转速，观察轮胎标记位置，读取不平衡量数值；使车轮停转，找到平衡块加装位置；加装平衡块并复查，其方法与静平衡相同。

4）驱动轮平衡

①顶起驱动车轮。

②启动发动机，经传动系统驱动车轮，加速至 50 ~ 70 km/h 的某一转速下稳定运转。平衡测试后续方法与从动轮动平衡、静平衡测试相同。

③测试结束后，用汽车制动器使车轮停转。

# 第 4 节　一般汽车检测仪器的使用方法

随着科学技术的发展，电子技术在汽车上应用越来越广泛，汽车检测也越来越依赖于专用检测仪器。故障诊断仪、车用数字万用表和发动机综合性能检测仪等是使用非常广泛的汽车专用检测仪器。

## 一、故障诊断仪

故障诊断仪是在读码器的基础上发展起来的检测仪器，除了读码、清码功能外，还具有显示诊断代码内容的功能，即具有解码功能。因此，使用故障诊断仪无须再从汽车维修手册中查取诊断代码的含义，使用起来更为便捷。

### 1. 故障诊断仪的功能

（1）可直接读取故障码，不需通过发动机故障警告灯的闪烁读取。

（2）可直接清除故障码，使发动机故障警告灯熄灭。

（3）能与汽车 ECU 直接进行交流，显示电控发动机数据流，使电控系统工作状况一目了然，为诊断故障提供依据。

（4）能在静态或动态下向电控系统各执行器发出检修作业需要的动作指令，以便检查执行器的工作状况。

（5）行车时可监测并记录数据流。

此外，有的故障诊断仪还具有示波器功能、万用表功能和打印功能；有的故障诊断仪能显示系统控制电路图并进行维修指导，供诊断时参考。故障诊断仪可与计算机相连，进行资料的更新与升级。一些功能强大的专用故障诊断仪还能对汽车 ECU 的某些数据进行重新输入和更改。

### 2. 故障诊断仪的类型

故障诊断仪可分为专用型和通用型两大类。专用型故障诊断仪是汽车制造厂家为检测本厂生产的汽车而专门设计制造的故障诊断仪，世界上一些大的汽车厂家，如奔驰、宝马、大众、通用等厂家都有专用型故障诊断仪。通用型故障诊断仪是检测设备厂家为适应检测诊断多种车型而设计制造的故障诊断仪，存储有几十种甚至几百种不同厂家、不同车型汽车电控系统的检测程序、检测数据和故障码等资料，并配备有各种车型的检测接头，可以检测多种车型，适合于综合型维修企业使用。

### 3. 故障诊断仪的使用方法

下面以元征 X-431PAD Ⅲ（见图 8-34）为例，简单介绍一下故障诊断仪的基本使用方法。

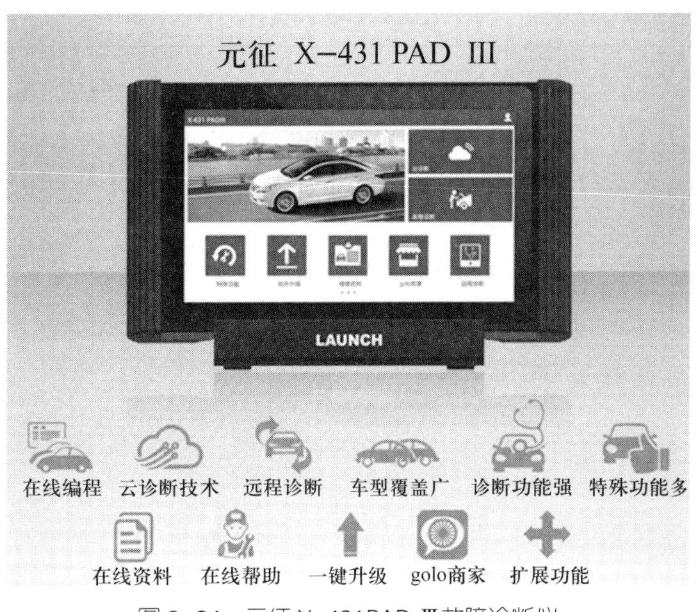


图 8-34 元征 X-431PAD Ⅲ故障诊断仪

（1）功能说明。车辆更换曲轴传感器后，需要使用 X-431PAD Ⅲ对车辆进行曲轴传感器匹配值学习。

（2）操作步骤（见表 8-1）

**表 8-1 使用故障诊断仪的操作步骤**

| 序号 | 图示 | 步骤 |
| --- | --- | --- |
| 1 | 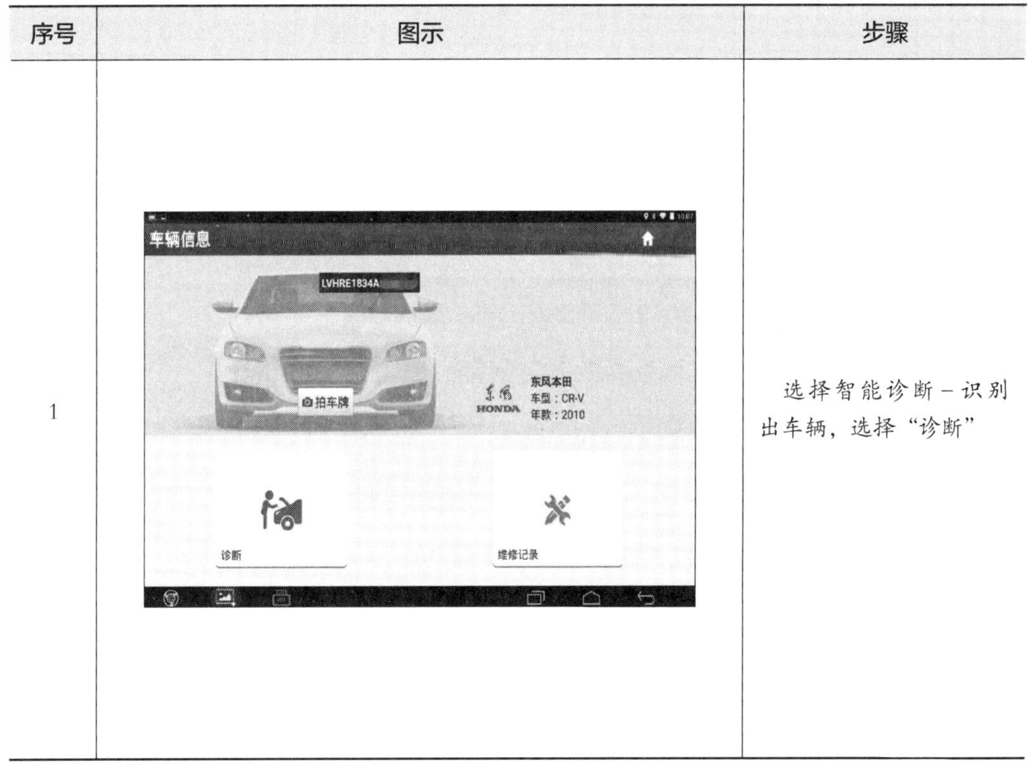 | 选择智能诊断－识别出车辆，选择“诊断” |

续表

| 序号 | 图示 | 步骤 |
| --- | --- | --- |
| 2 | 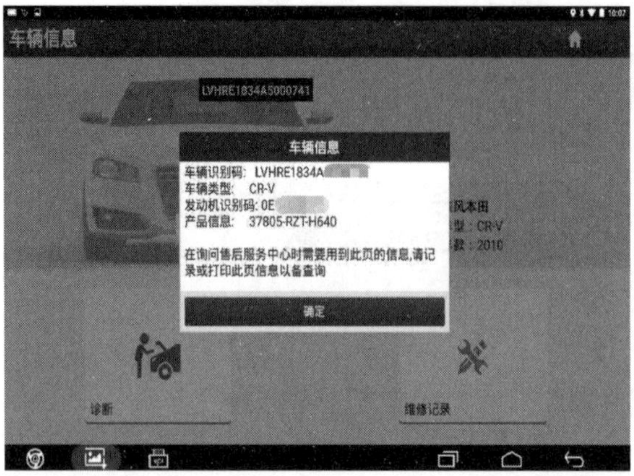  | 确认车辆信息，点击“确定” |
| 3 |   | 选择“快速测试” |
| 4 |   | 点击“确定”执行测试 |

续表

| 序号 | 图示 | 步骤 |
|---|---|---|
| 5 |  快速测试<br>东风本田 V46.50 > 快速测试<br>系统名称 状态<br>发动机系统 正常<br>自动变速箱系统 正常<br>防抱制动系统 正常<br>防撞气囊系统 正常<br>电子动力转向系统(EPS) 正常<br>车身电气系统 故障\|1<br>防盗系统 正常<br>返回 一键清码 故障报告<br>东风本田 CR-V 2010<br>VIN码 LVHRE1834A | 扫描出系统，选择“发动机系统” |
| 6 | 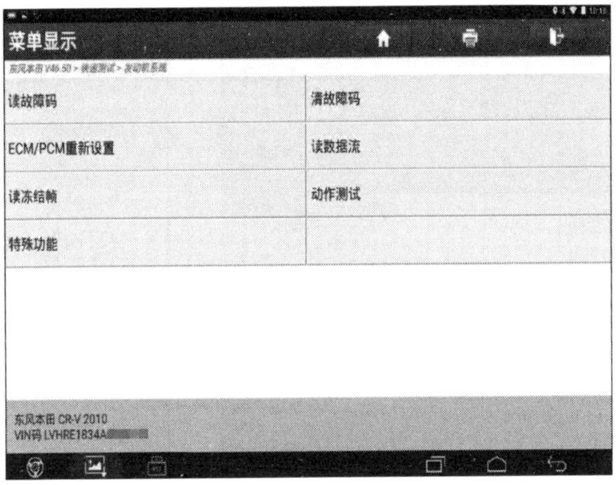 菜单显示<br>东风本田 V46.50 > 快速测试 > 发动机系统<br>读故障码 清故障码<br>ECM/PCM重新设置 读数据流<br>读冻结帧 动作测试<br>特殊功能<br>东风本田 CR-V 2010<br>VIN码 LVHRE1834A | 选择“特殊功能” |
| 7 |  菜单显示<br>东风本田 V46.50 > 快速测试 > 发动机系统<br>写入VIN 更换ECM/PCM<br>曲轴(CKP)传感器匹配值清除 曲轴(CKP)传感器匹配值学习<br>节气门学习 预备码<br>东风本田 CR-V 2010<br>VIN码 LVHRE1834A | 选择“曲轴（CKP）传感器匹配值学习” |





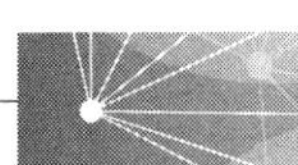

续表

| 序号 | 图示 | 步骤 |
| --- | --- | --- |
| 8 | 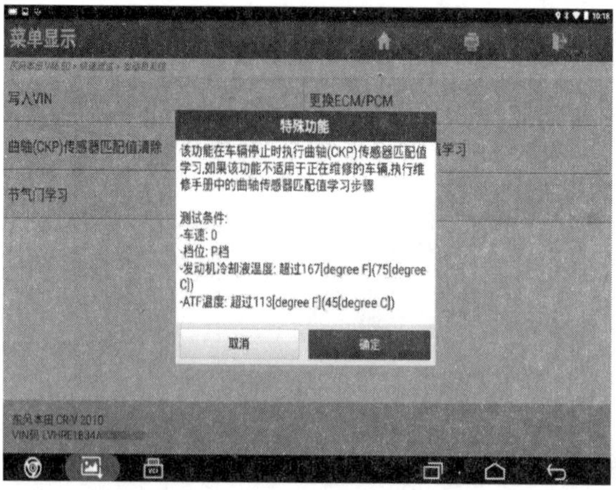 | 确定测试条件后点击“确定” |
| 9 |  | 设备提示通讯等待中 |
| 10 | 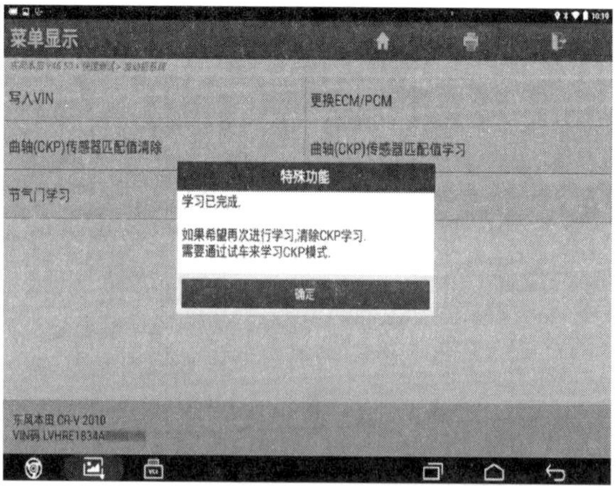 | 学习完成，点击“确定”结束 |

## 二、车用数字万用表

万用表分为模拟式（指针式）和数字式两种，可用来检测电阻、电流和电压。由于指针式万用表内阻小，使用时易造成过大电流，因此在电控发动机的检测中，很多元件的测量都规定要采用高阻抗的数字式万用表，以防烧坏元件。

车用数字万用表除了具有一般万用表的功能外，还具有一些汽车专用测试功能。车用数字万用表一般能测量电压、电流、电阻、转速、频率、温度、电容、闭合角、占空比和二极管等项目，并具有自动断电、自动量程变换、图形显示、峰值保留和数据锁定等功能。

目前常用的车用数字万用表有 EDA 系列、OTC 系列、VC400 型和 KM300 型等。如图 8-35 所示为 KM300 型车用数字万用表，现以此为例介绍数字万用表的使用方法。

### 1. 测量直流电压

（1）将车用万用表“选择开关”旋转到直流电压（DCV）位置，此时万用表进入自动选择量程方式，能自动选择最佳测量量程。也可以按下“量程（RANGE）”按钮，选择手动选择量程方式，每按动一次“量程”按钮，即可选择更高的量程。

（2）将红色表笔的导线插入面板电压/欧姆插孔中，黑色表笔的导线插入面板 COM 插孔中，红、黑表笔接到被测电路上，如图 8-36 所示。

（3）注意万用表的红黑表笔应与电路测点的“+”“-”极性一致。

（4）读取被测直流电压值。

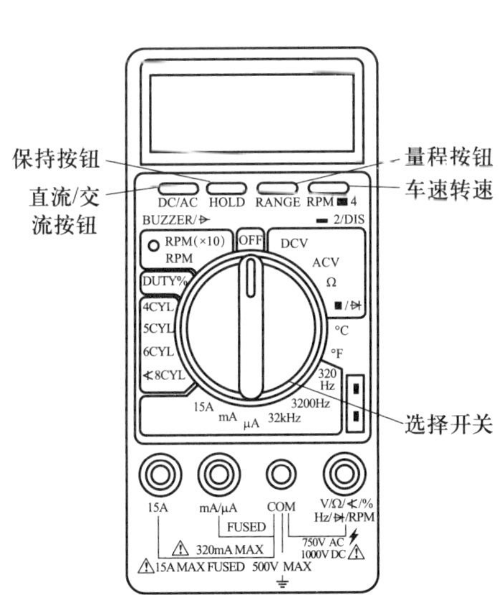


图 8-35　KM300 型车用数字万用表

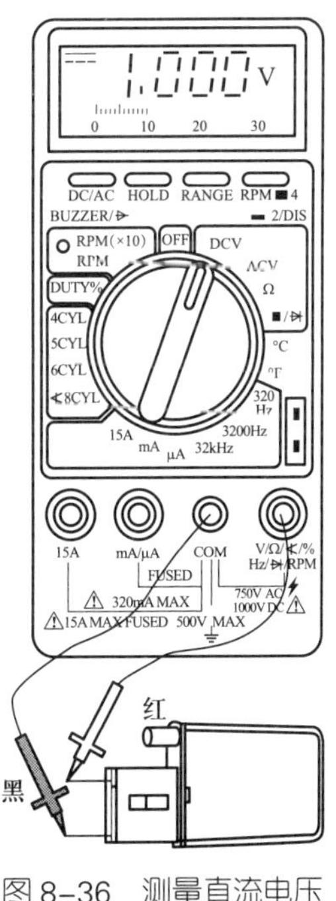


图 8-36　测量直流电压

第 8 章　汽车维修常用工具与设备

### 2. 测量直流电流

（1）按下“直流 / 交流（DC/AC）”按钮，选择直流挡。

（2）根据被测电流的大小，将“选择开关”旋转到 15 A、mA 或 μA 位置，如果不能确定所需电流量程，应先从 15 A 开始往下降。

（3）将红色测针的导线插入所选定的 15 A、mA 或 μA 插孔内，黑色测针的导线插入面板的 COM 插孔内，红、黑测针接到被测电路上，与电路串联，如图 8–37 所示。

（4）接通被测电路。

（5）读取被测直流电流值。

### 3. 测量电阻

（1）将“选择开关”旋转到欧姆（Ω）挡上，此时万用表进入自动选择量程方式，能自动选择最佳测量量程。也可以按下“量程（RANGE）”按钮，选择手动选择量程方式，按动“量程”按钮选择适当的量程。

（2）将红色表笔的导线插入面板电压 / 欧姆插孔中，黑色表笔的导线插入面板 COM 插孔中，红、黑表笔接到被测电路上，如图 8–38 所示。

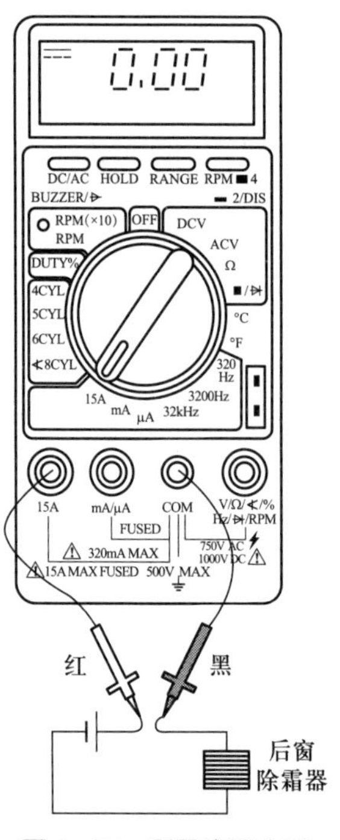

图 8–37　测量直流电流

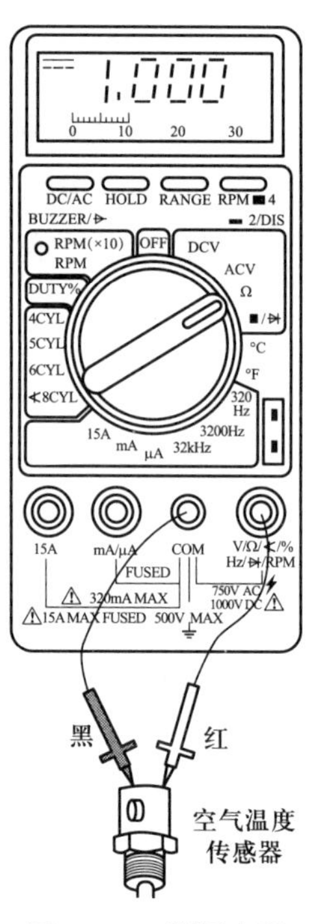

图 8–38　测量电阻

（3）读取被测电阻值。

注意测量电阻时不可带电操作，否则易烧毁万用表。

### 4. 测量温度

（1）将“选择开关”旋转到温度位置上。

（2）将万用表配备的带测针的特殊插头插接到面板黄色插孔内，测针与被测温度部位接触，如图 8–39 所示。

（3）温度稳定后，读取测量值。

### 5. 测量转速

（1）将“选择开关”旋转到转速（RPM 或 RPM×10）位置上。

（2）将感应夹的红色导线插入面板电压 / 欧姆插孔内，黑色导线插入 COM 插孔内，感应夹夹在通往火花塞的高压线上，其上方的箭头应指向火花塞，如图 8–40 所示。

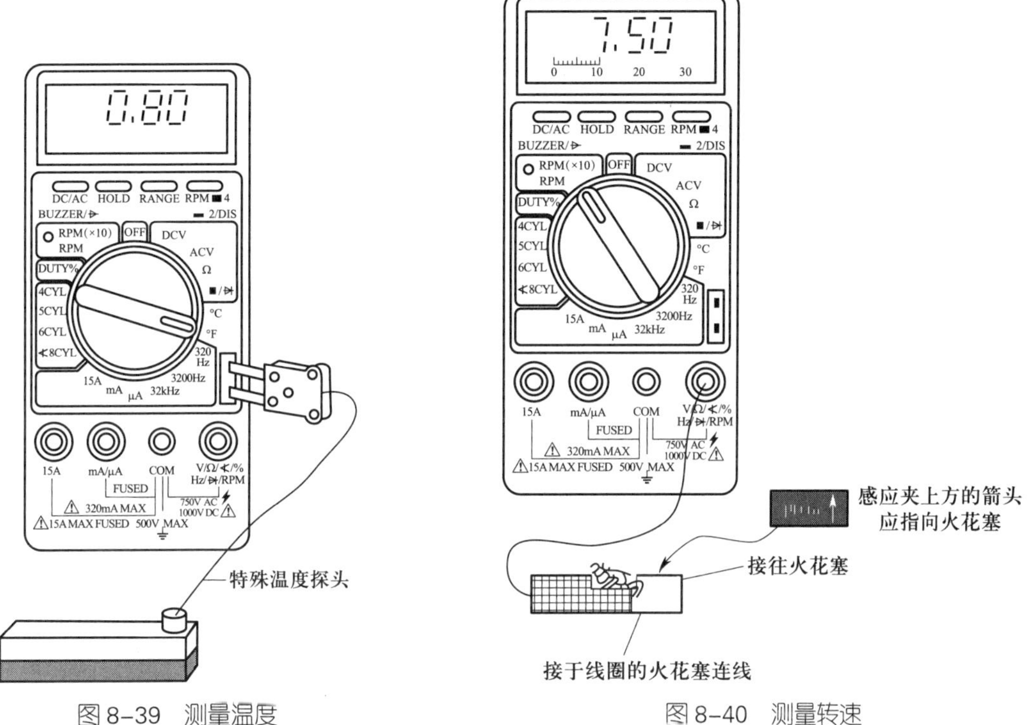


图 8–39　测量温度　　　　图 8–40　测量转速

（3）按下“转速”选择按钮，根据被测发动机的行程数选择“4”或“2”。

（4）读取被测发动机的转速。

## 三、发动机综合性能检测仪

发动机综合性能检测仪又称发动机综合性能分析仪，是发动机检测仪器中检测项目最多、功能最全、涉及面最广的一种仪器，能检测、分析、判断发动机动态与静态的工作性能和技术状况，有些检测仪还增加了对制动防抱死系统和安全气囊装置等的检测功能。因此，发动机综合性能检测仪在汽车综合性能检测中发挥的作用越来越大。

### 1. 发动机综合性能检测仪的功能

大多数发动机综合性能检测仪都具有以下功能。

（1）发动机常规检测功能。包括点火系统检测（可检测分析点火系统的波形、断电器触点闭合角、点火高压值和点火提前角等）、无负荷测功、动力平稳分析、转速稳定性分析、温度检测、进气管负压检测、起动机与发电机检测、废气分析（需附带废气分析仪）、喷油压力检测（检测喷油压力值和供油压力波形）、喷油提前角检测和烟度检测（需附带烟度计）。

（2）发动机电控系统检测功能。包括空气流量检测、转速检测、温度检测、进气管负压检测、节气门位置检测、爆燃信号检测、氧传感器检测和喷油脉冲信号检测。

（3）故障分析功能。包括故障查询及信号回放与分析。

另外还有参数设定功能、数字示波器功能和数字式万用表功能。

### 2. 发动机综合性能检测仪的特点

发动机综合性能检测仪具有以下三个特点。

（1）动态测试检测仪的信号采集系统能迅速、准确地获取发动机运转中的各项参数值，这些动态参数是对发动机工作性能和技术状况进行判断的重要依据。

（2）通用性检测仪的检测分析过程不依据被测发动机的数据卡，只针对发动机基本结构和工作原理进行检测，因此具有通用性。

（3）主动性检测仪不仅能适时采集发动机的动态参数，还能主动地发出某些指令，干预发动机的工作，以完成某些特定的试验。

### 3. 发动机综合性能检测仪的结构

以博世 FSA740 为例简单介绍一下综合性能检测仪，如图 8–41 所示。

FSA740 发动机综合性能检测仪在基本配置中，包含一个带 PC 机的小推车、打印机、键盘、鼠标、测量模块和遥控器。小推车为同机安装 BEA050（汽油机尾气分析仪）和 RTM（柴油机烟度计）预留了空间。如图 8–42 所示为其结构图，如图 8–43 所示为模块接口图。

发动机综合性能检测仪是在修理车间进行汽车发动机检测而设计的一种模块式的检测设备，建立在 Windows 平台上，通过 USB 端口来测量汽车的电子原件的信号。完成发动机综合性能检测仪软件的安装后，程序就会显示在屏幕上，同时就可以对它进行操作了，可以完整检测汽油发动机和柴油发动机。

通过扩展 FSA740，它还可以成为汽车排放检测设备。

图 8–41　FSA740 发动机综合性能检测仪

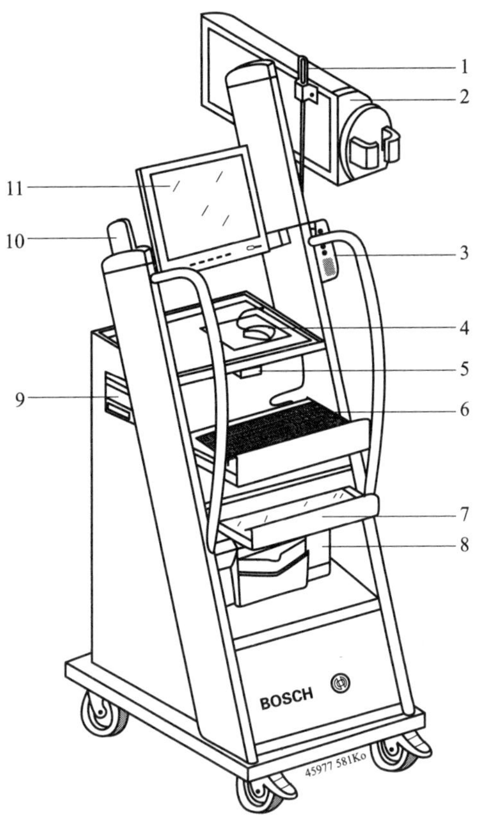


图 8-42　FSA740 发动机综合性能检测仪结构图

1—USB 接口　2—测量模块　3—KTS540（＊）　4—USB 鼠标　5—遥控接收器　6—键盘（＊）　7—打印机盖板　8—打印机（PDR218）　9—带 DVD 光驱和软驱的 PC 机　10—遥控器　11—显示器

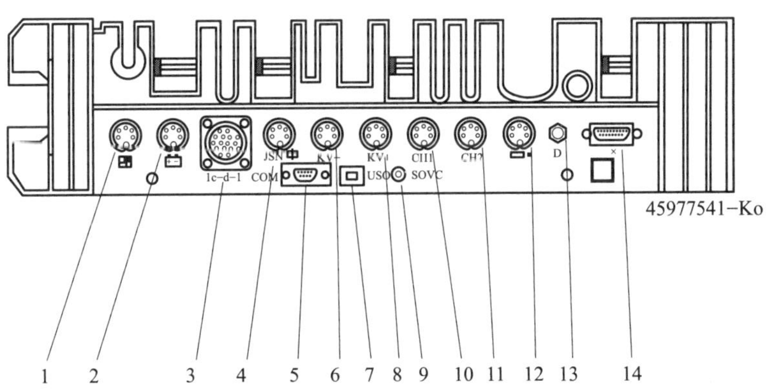


图 8-43　模块接口图

1—温度传感器　2—蓄电池正负极连接线　3—1 端、15 端 /EST/TN/TD 连接线　4—触发钳或传感器环形夹适配线　5—RS232 串行端口（无功能）　6—次级负极传感器　7—同 PC 机进行连接的 USB 口　8—次级正极传感器　9—模块电源输入口　10—万用表测量通道 1 或 30 A 电流测量钳　11—万用表测量通道 2 或 30 A 电流测量钳 /1 000 A 电流测量钳　12—正时灯　13—空气压力测量口　14—无功能（功能扩展口）





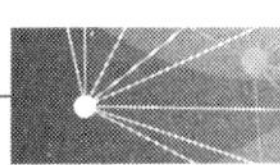

# 安全生产与保护知识

## 第 1 节　安全防火知识

### 一、火灾隐患与预防

在汽车维修车间，工人经常接触和使用易燃易爆品，如润滑油、汽油、涂料、带油污的抹布等；在检修过程中也会接触一些易燃易爆的设备，如汽车油箱、汽油储油罐、便携式油罐等；还会接触一些电动工具、电动机。在生产过程中，工人必须正确地使用、保管和存放这些物品和设备，一旦操作失误或疏忽大意，就可能酿成火灾。因此，懂得火灾发生的原因和避免的要点，明确哪些地方存在火灾隐患并积极预防，做好企业的消防安全工作，是极为重要的。

为避免火灾发生，应在车间明显位置张贴警示标语，在易燃易爆品存放处贴上“禁止烟火”标志；在车间里禁止吸烟；汽车维修车间的操作工人在生产工作中，严禁将润滑油等倒在地上，一旦发现地面或机器上有油，应立即擦拭干净；在下班之前一定要检查地面、设备和维修车辆上是否有油渍，保持操作场地整洁；禁止工人酒后上岗和在“禁烟区”吸烟。

员工熟悉以下知识，避免火灾的发生。

**1. 汽油罐**

汽油是一种极易爆炸和燃烧的燃料，1 L 汽油爆炸的能量相当于四根雷管炸药。通常汽油应装在合格的汽油罐里，罐外涂有红色标记，并有合格的出油口和通风口。因此，不要把便携式汽油罐放在通风不好的地方，尤其不要放在汽车的行李舱内；容积为 1 L 或以上的汽油罐应在出口安装防火滤网，以防点燃罐内蒸气。

使用汽油罐还应注意以下事项。

（1）在汽油罐顶预留 7% 左右的空间，以允许汽油在高温时膨胀，防止汽油在膨胀时会产生泄漏而引起严重事故。

（2）不要在车间存放汽油，应把汽油存放在车库、通风好的棚里或离车间和住宅较远的建筑物内。

（3）在搬运过程中不要翻转汽油罐。

（4）不要长时间保存只剩一部分汽油的汽油罐，因为汽油罐会释放出蒸气而造成事故。

（5）在不加油或不倒油时，应盖好汽油罐的加油口、出油口和通风口。

### 2. 密闭容器

在汽车维修车间里，有许多带油污的抹布，由于布料中的油脂氧化使热量缓慢积聚，当热量达到着火温度时，便开始燃烧，即自燃起火，从而造成火灾。为避免以上危险，应把有油污的抹布存放在密闭容器里，隔绝空气，使其无法燃烧。

## 二、火灾安全急救常识

一旦车间发现火灾，应迅速报警，并在保证自身安全的前提下积极参加扑救。经验证明，在起火之后的十几分钟内，是能否将火扑灭、控制火势蔓延、不酿成火灾的关键时刻。把握住这个关键时刻应做到两点：第一，利用现场灭火器材及时扑救；第二，拨打火警电话报警，以便调来足够的力量，尽早地控制和扑灭火灾。灭火之初还应遵循以下原则：第一，报警早、损失小的原则；第二，边报警、边扑救的原则；第三，先控制、后消灭的原则；第四，先救人、后救物的原则。组织人员积极抢救被困者，疏散物资，建立空间地带。

### 1. 火灾等级

一般按着火的材料划分火灾的级别，分为以下四种等级。

（1）A 级火灾。火灾起于普通可燃物，如木料、纸张、纺织品等。这类火灾通常需要冷却并熄灭。

（2）B 级火灾。火灾起于可燃液体，如润滑油、汽油、涂料和其他液体等。这类火灾需隔绝空气并用覆盖层盖熄。

（3）C 级火灾。火灾起于电子设备故障，如电动机、开关和电线等。这类火灾需用绝缘的灭火剂扑灭。

（4）D 级火灾。火灾起于可燃金属存在之处，如锂、钠、钾、钛和锆等。这类火灾应用特殊灭火剂盖熄或覆盖阻燃物熄灭，在汽车维修企业并不常见。

### 2. 灭火器材及灭火剂

（1）灭火器。灭火器是汽车维修车间的重要安全设备，在使用和管理方面，除按使用说明书操作外，还应遵循以下基本规则。

1）灭火器应设置在明显的地方，必要时还应设立标志牌，以便取用。消防器材附近不能堆放杂物，以保持通道畅通。

2）拉开灭火器开关前，在保证自己不受伤的前提下，应尽可能靠近火源。因为灭火剂会很快释放尽，大多数小型干粉灭火器只能释放 8 ~ 25 s。

3）灭火器要专物专用，定期保养，保证灭火剂不过期。检查存放地点是否适当、机件是否损坏。

（2）水。水是天然灭火剂，是无色、无味、无嗅的不燃液体，在灭火中起冷却、降温作用。

（3）卤代烷灭火剂。卤代烷是由卤素原子取代烷烃分子中的部分氢原子或全部氢原子后得到的一类有机化合物的总称。卤代烷在高温中分解，产生活性游离基 Br 与 Cl 等参与物质燃烧的化学反应，消耗燃烧所必需的游离基 H 和 OH 等，生成稳定的分子 $H_2O$、$CO_2$ 及活性较低的游离基 R 等，从而使燃烧过程中化学连锁反应链传递中断而灭火。卤代烷灭火剂适用的火灾类型包括：城市煤气、液化气火灾；有机溶剂类火灾，如醇、酮、酯、苯等；电气设备火灾。由于卤代烷灭火剂对大气臭氧层有破坏作用，已逐渐被淘汰。

### 3. 火灾的急救常识

通常，汽车维修车间容易发生的火灾可分为可燃液体、可燃气体和电气设备等引起的火灾，在火灾发生时应立即判断火灾等级，然后采取相应的扑救方法。

（1）发生 A 级火灾时可用冷却灭火法，一般把凉水洒在燃烧物上，使其降低温度直至熄灭。

（2）发生 B 级火灾时，由于可燃液体（如汽油、轻柴油等）是比水轻而又不溶于水的有机化合物，因此不能用水灭火，可用泡沫或干粉灭火器扑救。起火初期燃烧面积不大或燃烧物不多时，也可用二氧化碳或“1211”灭火器扑救。

（3）发生 C 级火灾时，首先应切断电源。在切断电源时除要防止触电和电弧灼伤外，还应注意以下几点。

1）切断电源的位置适当，防止断电后影响扑救工作。

2）切断电源总开关时用绝缘棒或戴绝缘手套操作，断电后切忌用水和泡沫灭火器救火，应该用不导电的灭火剂，如二氧化碳、“1211”、干粉等灭火器灭火。

3）带油的电气设备（如变压器、油开关等）着火时，可用干燥的黄沙盖住火焰，使火熄灭。

（4）为了最大限度地减少损失，阻止火势蔓延和扩大，应对火场的物资进行疏散。优先疏散的物资如下。

1）易燃易爆物品，如汽油、柴油、油桶、充装气体的钢瓶等。

2）重要文件和贵重物品，如档案资料、高级仪器等。

### 4. 人员急救常识

火灾发生时，在场人员有发生烟气中毒、窒息以及被辐射、热气流烧伤的危险。因此，在火灾现场要保持冷静，了解起火点、被困点及逃脱的通道，进行自救和互救。

（1）自救逃生方法

1）在撤离火场途中被浓烟围困时，烟雾一般是向上流动的，地面上的烟雾相对比较稀薄，因此，可采用低姿势行走或匍匐穿过浓烟区的方法。如果有条件，可用湿毛巾等捂住嘴、鼻，或采用短呼吸法，用鼻子呼吸，以便迅速撤出烟雾区。

2）一旦衣帽着火，应尽快把衣帽脱掉，如来不及，可把衣服撕碎扔掉；或者着火的人就地倒下打滚，把身上的火焰压灭。在场的其他人员也可用湿麻袋、毯子等物把着火的人包裹起来，以熄灭火焰；向着火的人身上浇水，帮助其撕下着火的衣服。身上着火时切忌狂奔乱跑。

（2）火场救人方法。火场救人除了要具有献身精神、坚强意志外，还必须掌握以下救人的技能。

1）寻找被困人员。被困人员所处地点通常包括车间的通道、楼梯、门窗、墙角、门后；车间的机器旁边、工作台下、控制室等。

2）从燃烧区内向外抢救被困人员。受到浓烟、火焰或热辐射威胁时，救援人员和被困人员可低姿势行走或匍匐行进；对不能行走的被困者，救援人员可用背、抱、扛、抬等方法将其救出。

3）进入燃烧区的救援人员应做好自身防护，如携带对讲机、安全绳、腰斧、照明灯具、氧（空）气呼吸机，穿隔热服等。

4）应及时将抢救出的伤员送往医院救治。

## 第 2 节　安全用电知识

### 一、安全用电

汽车维修工作中工人经常与电打交道，为确保高效工作、安全生产，相关人员必须掌握安全用电的相关知识。

安全用电是一项非常重要的工作，直接影响着企业生产任务的完成效率及经济效益，甚至影响着人的生命安全。在生产中，每个人都要充分认识安全用电的重要意义，自觉遵守安全用电操作规程，确保用电安全。

### 二、触电

人体接触或接近带电体，引起局部受伤或死亡的现象称为触电。触电主要有单相触电、两相触电和跨步电压触电三种形式。

#### 1. 单相触电

单相触电是人体的某一部位碰到相线或绝缘性能不好的电气设备外壳时，电流从相线经人体流入大地的触电现象，如图 9-1 所示。

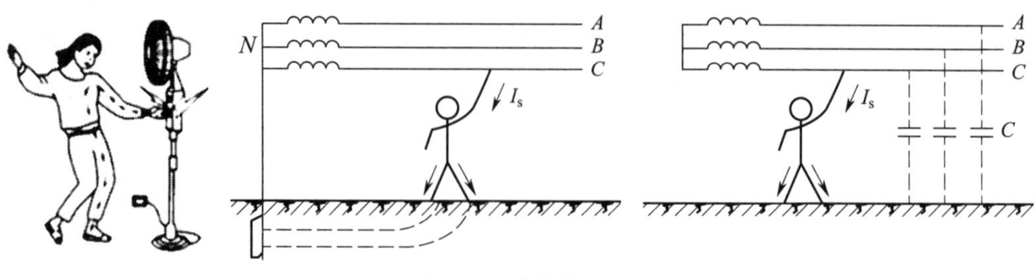


图 9–1　单相触电

**2. 两相触电**

两相触电是指人体的不同部位分别接触到同一电源的两根不同相位的相线，电流从一根相线经人体流到另一根相线的触电现象，如图 9–2 所示。

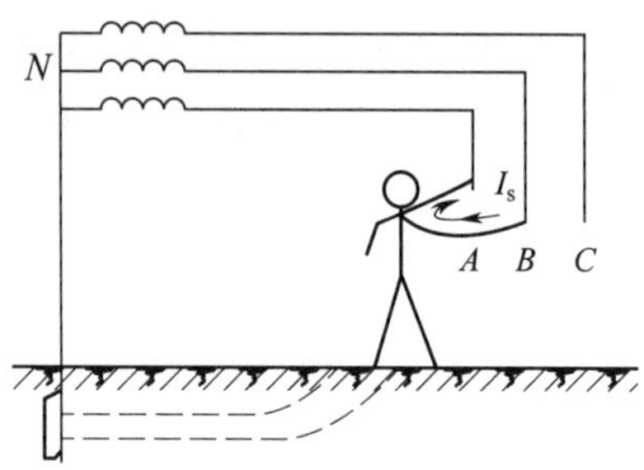


图 9–2　两相触电

**3. 跨步电压触电**

跨步电压触电是指电气设备相线碰壳接地，或带电导线直接触地时，人体虽没有接触带电设备外壳或带电导线，但是跨步行走在电位分布曲线的范围内而造成的触电现象，如图 9–3 所示。

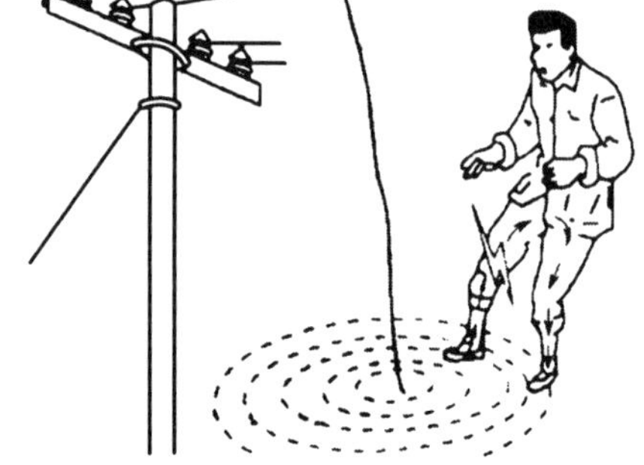

图 9–3　跨步电压触电

## 三、电火灾的原因与防范措施

**1. 原因**

（1）漏电。电气设备或线路的绝缘性能下降，导致电气设备或线路电流泄漏。

（2）短路。电路导线选择不当、绝缘老化和安装不当等原因，引起电路短路。

（3）过载。流过导线的电流大大超过导线的允许电流值，引起过载。

以上原因都有可能引起电流过大，使电器过热而发生火灾，最终造成生命和财产的重大损失。

**2. 防范措施**

（1）合理选取供电电压。使电气设备的额定电压与供电电压相配，供电电压与环境状态、环境保护、安全因素等相配。

（2）合理选用导线截面。导线用于传输电流，不允许过热，所以导线的额定电流应比输送电流大些，以防线路过载。

（3）合理选用电气设备的类型。对于容易引起火灾或爆炸的场所，应选用防爆型、密封型等类型的电气设备。

（4）严格遵守安全操作规程和有关规定。万一出现电火灾，首先要切断电源，然后灭火并及时报警。

## 四、电流对人体的伤害

电流对人体的伤害分为电击和电伤两类。

### 1. 电击

电击是指电流通过人体，使人体器官受到损伤，使人出现痉挛、窒息、心颤、心博骤停乃至死亡的现象，是最危险的触电事故。大量事故经验证明，绝大部分触电事故都是由电击造成的，所以触电又称电击。

### 2. 电伤

电伤是指电流对人体外部造成的局部伤害，包括电弧烧伤、熔化的金属渗入皮肤等。

触电过程中，电击和电伤往往会同时作用于触电者。

## 五、人体对电的承受能力

电流是造成电击伤害的主要因素，人体对电的承受能力与以下因素有关。

### 1. 电流的大小和通电的时间

通过人体的电流越大，人体的生理反应就越明显，感觉也就越强烈，对生命的危害性就越大。50 mA 以下的直流电流通过人体时，人体可以自己摆脱电源；对于工频电流，通过人体的电流大小和通电时间不同，人体呈现的状态不同，见表 9–1。

表 9–1　人体对电流大小和通电时间的生理反应

| 电流范围 | 电流（mA） | 通电时间 | 人体的生理反应 |
|---|---|---|---|
| 0 | 0 ~ 0.5 | 连续通电 | 没有感觉 |
| A1 | 0.5 ~ 5 | 连续通电 | 开始有感觉，手指、手腕等处有痛感，没有痉挛，可以摆脱带电体 |
| A2 | 5 ~ 30 | 数分钟以内 | 痉挛，不能摆脱带电体，呼吸困难，血压升高，是可以忍受的极限 |
| A3 | 30 ~ 50 | 数秒钟到数分钟 | 心脏跳动不规则，昏迷，血压升高，强烈痉挛，时间过长即引起心室颤动 |

续表

| 电流范围 | 电流（mA） | 通电时间 | 人体的生理反应 |
|---|---|---|---|
| B1 | 50 至数百 | 低于心脏搏动周期 | 受到强烈冲击，但未发生心室颤动 |
| | | 超过心脏搏动周期 | 昏迷，心室颤动，接触部位留有电流通过的痕迹 |
| B2 | 超过数百 | 低于心脏搏动周期 | 在心脏搏动特定的部位触电时、发生心室颤动、昏迷，接触部分留有电流通过的痕迹 |
| | | 超过心脏搏动周期 | 心脏停止跳动，昏迷，可能有致命的电击伤 |

注：“0”是没有感知的范围，“A”是感知的范围，“B”是容易致命的范围。

通过人体的电流中，以工频电流对人体的损害最严重。我国使用的 50 Hz 交流电对设计电气设备而言比较合理，但对人体的危害是不能忽视的。

### 2. 电压的高低

根据欧姆定理，电阻不变时电压越高，电流就越大，因此高压触电比低压触电更危险，触电电压越高，对人体的危害越大。

电力部门规定：高压指 250 V 以上的电压，低压指 250 V 以下的电压，安全电压指 36 V 及以下的电压。

因此，在潮湿环境和使用携带式电动工具等情况，如无特殊安全装置和安全措施，均应采用 36 V 的安全电压。在金属容器内、隧道内、矿井内的手提式电动用具或照明灯均应采用 12 V 的安全电压。

### 3. 人的身体状况

触电对人体的危害程度与人的身体状况有关，如性别、年龄和健康状况等因素。一般来说，女性较男性对电流的刺激更为敏感，感知电流和摆脱电流的能力要低于男性。此外，人体健康状态也是影响触电时受到伤害程度的因素。

### 4. 人体的电阻

人体对电流有一定的阻碍作用，这种阻碍作用表现为人体电阻。人体电阻一般为 500 ~ 2 000 Ω，从安全的角度考虑应按 500 Ω 计算。人体电阻主要来自皮肤表层，起皱和干燥的皮肤有着相当高的电阻，但当皮肤潮湿或接触点的皮肤遭到破坏时，人体电阻就会减小。此外，人体电阻还将随着接触电压的升高而迅速下降。

## 六、触电急救方法

发现有人触电应立即抢救，抢救的要点如下：及时让触电者脱离电源，正确进行现场诊断和抢救；发现有人触电时，千万不要用手去拉触电者，要尽快断开电源开关或用干燥的木棍、竹竿挑开电线；如果触电者呼吸停止，心脏不跳动，必须立即进行心肺复苏法（包括人工呼吸法和胸外心脏按压法）抢救，尽量不要停，直到触电者恢复呼吸、脉搏，或有专业急救人员到达现场。

# 第 3 节　车用油品的储存与使用

## 一、车用油品储运及使用中易出现的问题

### 1. 蒸发

蒸发是液体在任何温度下都可能进行的表面汽化现象。油料在储存中，轻质成分会不断蒸发，蒸发的直接结果是造成油料数量上的损失，严重的蒸发损失还会引起质量变化，蒸发损失越大，引起的质量变化就越大。蒸发还会造成大气污染。与蒸发损失关系最大的是饱和蒸气压，饱和蒸气压越大，越容易造成蒸发损失。储存条件对蒸发损失也有较大的影响，主要因素包括温度和温差大小、油料表面积大小、液面上空间大小及收发油次数的多少。

### 2. 氧化

油料在储存中难免要与空气中的氧接触，特别是在温度较高和有金属的催化作用下会加剧氧化反应，造成油料氧化变质，使油品很多性质发生变化。例如，汽油、煤油和柴油在储存中会生成胶质和沉淀，使油的颜色变深，实际胶质增稠和酸度（值）增大。促进氧化的外界因素主要是日光、与金属接触及氧接触面的大小等。

### 3. 水分

油品中的水分来自外界混入的雨雪等物质，也可能是烃类自动从大气中吸收得到的。油品能从大气中吸收微量水分，引起油品质量下降。汽油、煤油和柴油中的低分子酸等会溶于水中，引起设备严重腐蚀。

### 4. 污染

油品在储运过程中可能出现的污染包括机械杂质、水分和混油污染。机械杂质和水分污染主要发生在运输、收发过程中，油品所接触的设备及管线洗刷不净或保护不当所造成的。例如，雨雪天在没有防雨雪措施下发放油品，或者储油容器封装不严使雨雪或风沙进入油品。机械杂质混入油品中会增加设备的磨损，甚至引起摩擦面的拉伤等事故。

混油污染主要是管理不善或操作失误引起的。例如，在收发油过程中开错阀门，容器中存油未清除干净，同一管线和油泵输送不同油品以及油库内阀门不严，造成一个油罐内的油品流入另一个油罐，引起大量油品相混等。

## 二、储存中的汽油、柴油质量保证措施

### 1. 防止蒸发和氧化变质

油料在储存中，蒸发和氧化与温度有密切关系，温度高，蒸发和氧化的速度快；

温度低，则蒸发和氧化的速度慢。蒸发和氧化还与空气接触情况有关，蒸发空间越大（如油罐装油不满），蒸发和氧化越多；空气流通越快，蒸发和氧化越快。此外，日光的照射、接触金属等会促进油料的氧化，但主要的影响因素还是温度和接触空气的情况。在储存中为了延缓油料质量变化，应采取以下措施。

（1）降低温度，减小温差。

（2）合理安排作业时间，减少油品蒸发。

（3）尽量将油装满至安全容量，减少气体空间。

（4）减少油料与空气接触，尽量密封储存。

（5）在容器壁涂防护材料，减少燃料与金属的接触。

### 2. 防止水分及杂质的混入

（1）保持油罐和其他储油容器及抽灌器材的清洁。

（2）容器要密封，风雨天要特别注意防护。

（3）定期检查油料是否清洁，及时排除罐底积水。

（4）清洗油罐和管线后要把残液清除干净。

### 3. 防混油

（1）应尽可能做到专油专用容器、管线及抽灌器材，必须禁止不同品种、不同牌号的油料相混。若不能保证容器专油专用，则须彻底清洗干净后再装入其他油品。

（2）严格执行阀门操纵挂牌制度，防止错开或忘关阀门。

（3）执行放空制度。

（4）正确使用及维护阀门，确保严密性。

## 三、储存中的汽油、柴油安全保护措施

### 1. 防火

油料着火是对油库安全威胁最大、经济损失最大的事故，这是因为油料着火比其他物质着火具有更大的破坏性。预防油料着火要注意以下事项。

（1）正确处理可燃物质

1）防止油气聚集。油料蒸气比空气重，容易在低洼的地方聚集，形成可爆炸燃烧的混合气，因此应注意及时把油气排到室外通风的地方，使其迅速消散。

2）及时处理可燃物质。应及时清除库房、泵房、油罐周围和作业场所的枯草、落叶；作业用过的抹布、棉纱、工作服等应随时收集清洗，禁止堆放在上述区域。

3）采取可靠的隔离措施。

（2）严格控制火源

1）严格入库手续。

2）严防入库车辆引起火灾。

3）按要求使用发动机泵。使用发动机泵抽轻质油料时，泵与油罐车应有一定的安全距离，并尽量放置在风的侧向；排气管处应放置防火罩；在装卸过程中不准发动

汽车。

4）严防金属撞击产生火花。在掏底油、清空或清洗油罐等作业中更应注意，因为在这种情况下罐内混合气往往在爆炸燃烧范围以内，极易爆炸燃烧，非常危险。

5）严格控制明火作业。凡收发、储存油料的管线和油罐等设备，需进行焊修时，必须在彻底通风、确无爆炸危险时进行，并做好消防准备，指定专人监督。

6）防止雷电起火。定期检查避雷针的接地情况。由于为导走静电而设的接地线同时具有防雷作用，故一般油罐可不另装避雷针。

（3）防火器材应按规定定期检查，确保处于良好状态；消耗的防火器材应及时补充。

（4）应加强对油库消防人员的培训，提高消防人员的素质，做到一旦有火警能立即开赴现场。

### 2. 防毒

（1）一般液体燃料的毒性。油品及其蒸气具有毒性，特别是含硫油品和加铅汽油的毒性更大。油品蒸气若经口、鼻进入呼吸系统，能使人体器官受损而产生急性或慢性中毒。

（2）加铅汽油的毒性。虽然车用汽油已普遍实现无铅化，但航空汽油中仍加有不超过 3.3 mg/kg 的四乙基铅。四乙基铅能溶解于脂肪及类脂肪内，所以其毒性作用主要体现在使人体含类脂肪最丰富的中枢神经系统的机能发生障碍，还能引起溶血，使红细胞和白细胞减少，引起贫血。

（3）防毒措施

1）控制工作场所油品蒸气含量不超过最大允许浓度。

2）清洗油罐时，待油品蒸气含量低于最大允许浓度时才能入罐；清洗人员应穿戴防护着装；罐外要有专人守候，以便及时联系救护；在罐内工作时间不宜过长，要及时轮流休息。

3）含铅汽油不准做日常用途，如用于打火机燃料和洗涤衣服等；抽注油时不准用嘴吸；不能用含铅汽油洗手。

4）输送含铅汽油的管线最好为专用管线，如果需要与别的液体燃料共用一根管线时，则必须先把管线洗净，然后再输送另一种油品。

5）防止含铅汽油洒在身上、地上或其他地方。

6）工作完成后，脱下的工作服应在专门的地点保管，不准穿工作服回家、吃饭等。

7）加强个人防护。操作含铅汽油的工作人员最好不吸烟、不喝酒，因为吸烟、喝酒会刺激神经系统，增加铅在人体的溶解度，不易排铅。

## 四、运输中的注意事项

运输油品的关键是避免不同油品混装混运，不能用装过汽油的罐车装运柴油，也不能用装过柴油的罐车装运汽油，更不能用装过重质燃料油、润滑油等性质差异更大

的罐车装运汽油、柴油。

若无专用油车，则应彻底清洗油车后再装运。因为油品的性质各有差异且用途各不相同，一旦发生混油将会使油品质量下降，甚至不合格。如柴油中混入少量汽油，会使闪点大大降低，严重时还会影响黏度；如润滑油或柴油混入汽油，则会造成含硫量、实际胶质和残留量超标。

## 第 4 节　废弃物品和废弃油品处理

### 一、汽车维修产生的危险废弃物

#### 1. 危险废弃物

危险废弃物是指不再使用且若不正确处理，会对环境和人体造成伤害的化学物质或零部件等。危险废弃物的危险性主要有化学反应、腐蚀性、毒性、可燃性、放射性等。

#### 2. 汽车危险废弃物的分类

根据以上性质，属于汽车危险废弃物的有以下几类。

（1）废旧机油和机油滤清器。

（2）发动机制动液和冷却液。

（3）制动器和离合器衬垫。

（4）空调系统制冷剂。

（5）蓄电池和蓄电池中的酸性溶液。

（6）零件和设备清洁剂。

### 二、汽车废弃物的危害和处理方法

#### 1. 废旧机油和机油滤清器

（1）危害。废旧机油是指所有废旧的由石油提炼出来的油或合成油。机油在使用中，混入灰尘、金属碎屑、水和化学物质等杂质后具有危险性。

（2）处理方法。废旧机油可以被收集、回收和再次使用。国内每年约有 540 万吨的废旧机油可被回收再度使用。例如，使用过的发动机机油可被重新提炼，再次作为发动机机油出售；或者加工制成炉用燃料油。废旧机油可采用下列方法进行处理：一是废旧机油应当专门存储存放，贴上标签，并按照当地防火法规做好防火措施，经常检查存储罐，防止渗漏、腐蚀和机油溅出，也可交给专门的机油回收公司处理；二是废旧机油滤清器中也含有具有危险性的废旧发动机机油，因此废旧机油滤清器在被丢弃前必须排出剩余机油，方法是打开滤清器防漏阀或滤清器顶罩，至少干燥 12 h，将机油从滤清器中除去后，滤清器可丢入常规垃圾桶中。

### 2. 废旧制动液和冷却液

（1）危害。制动液具有吸水特性，长时间使用沸点会降低，发生不同程度地氧化变质，长时间不更换会腐蚀制动系统，给行车带来隐患。冷却液在使用中会因溶解发动机和其他冷却系统零部件的金属（如铁、铝、铜和铅等）而具有危险性，实际操作中，大量的废旧冷却液被直接排放，也会对环境造成严重的污染。

（2）处理方法。第一，将废旧的制动液和冷却液储存在专用容器内，并明显注明；第二，勿将废旧的制动液和冷却液与废弃的发动机机油混合；第三，勿将废旧的制动液和冷却液倒在排水沟中或地面上。

### 3. 制动器和离合器衬垫

（1）危害。如制动器和离合器衬垫等摩擦材料常常含有石棉，石棉已被国际癌症研究中心确定为致癌物，其引发的癌症潜伏期很长，一般在 15 ～ 30 年后才会出现。因此，应将含有石棉的材料妥善处理。

（2）处理方法。固体石棉本身没有危险，只有当石棉在空气中传播被人吸入时才会产生危害。因此，在处理时可在制动器上喷洒清洁剂或水，使石棉被吸附。切勿使用压缩空气来清洁制动器上的灰尘，即使不存在石棉，细微的制动器粉尘也会对人体健康造成危害。旧的制动蹄片和制动衬块应密封起来，最好是装在塑料袋内，以防止制动材料粉尘通过空气传播。

### 4. 空调系统制冷剂

（1）危害。制冷剂的排放会产生使全球气候变暖的温室效应，其影响程度用全球变暖潜能值（Global Warming Potential，GWP）表示。由于现在使用的四氟乙烷（HFC134a）的 GWP 值为 1 300，故被禁用。根据欧盟通过的含氟温室气体控制法规的要求，自 2007 年 1 月 1 日起，禁止所有汽车空调使用 HFC134a 制冷剂。汽车空调使用低 GWP 值的制冷剂已成为趋势。GWP 值大于 150 的制冷剂应该被回收，但大多数从事汽车空调维修的汽车维修企业没有制冷剂回收处理设备，有些企业即使有制冷剂回收处理设备，也不在生产过程中使用，而是在维修过程中直接将制冷剂排放到大气中，造成环境污染。

（2）处理方法。强制从事汽车空调维修的企业对制冷剂进行回收、处理及再利用。

### 5. 蓄电池和蓄电池中的酸性溶液

（1）危害。作为比较成熟的技术，铅酸蓄电池被汽车广泛使用。铅是一种有害金属，电池中的酸液具有很强的腐蚀性。这种类型废旧电池绝大多数将做铅回收处理，回收后的铅再度冶炼后可被用来制造新的电池。

（2）处理方法。酸性含铅废旧电池必须进行回收，否则将被视为有害废弃物；泄漏的电池必须被当作有害废弃物储存和运输。禁止掩埋和焚化酸性含铅废旧电池，要求将电池送往电池零售商、批发商、回收中心或铅熔炉进行处理，所有汽车电池零售商必须贴出统一的回收标志，说明接收废旧电池的具体要求。

回收点的废旧蓄电池若不能及时运输转移，应设置专用的储存场所，并设立危险废弃物标志，保持良好的通风；废旧蓄电池不得与其他物品混存；禁止将废旧蓄电池堆放在露天场地，若只能进行户外存放，建议使用防酸性物质腐蚀的外包装，且放置在有遮蔽的安全区域；电池应放在防酸的平台上，切勿堆叠。

#### 6. 零件和设备清洁剂

（1）危害。零件和设备清洁剂的化学危险主要来源于含有氯代烃类溶剂的液体和喷雾制动器清洁剂。摄取、吸入或身体接触制动器清洁剂均能对人体健康造成危害，即使吸入少量的该溶剂的挥发物也会产生严重后果。接触氯化烃溶剂或替代品会导致头晕、恶心、犯困、晕眩、身体不协调或昏迷等不良症状。因此，在使用中，操作人员需要采用适当的保护设备，并确保在处理这些化学物质时操作步骤是安全的。现在一些生产商已开始生产不含氯化物，不破坏臭氧层，不致癌且能被生物分解的“绿色”溶剂。

（2）处理方法。废旧或失效的溶剂可能含有二甲苯、甲烷、乙醚和甲基异丁基酮等，因此必须储存在专用安全容器中，并封闭容器盖。此外，容器必须置于保护装置中，即再装入另一容器或设有防止溶剂溢流的保护容器中，如溢流盘等。

## 第 5 节　危险化学品管理知识

### 一、汽车维修企业常用危险化学品

危险化学品是指具有毒害、腐蚀、爆炸、燃烧、助燃等性质，对人体、设施、环境具有危害的剧毒化学品和其他化学品。

汽车维修企业常用危险化学品主要包括以下几种。

1. 车身涂装用油漆、稀释剂、清洗剂等。
2. 带有推进剂或经加压的罐装材料，如手喷漆、空气清新剂等。
3. 制冷剂。
4. 汽油、柴油、煤油等。
5. 电解液（稀硫酸）、盐酸、三元催化器清洗剂等。

### 二、危险化学品的管理要求

#### 1. 危险化学品储存的基本要求

（1）储存危险化学品必须遵照国家法律、法规和其他有关的规定。

（2）储存危险化学品的仓库必须是专门仓库，管理人员必须配备可靠的个人安全防护用品，必须认真学习和应用危险化学品安全管理知识。

（3）储存的危险化学品应有明显的标志，同一区域储存两种或两种以上不同级别的危险化学品时，应按最高等级危险化学品的特性标示。

（4）在储存危险化学品的建筑物、区域内严禁吸烟或使用明火。

### 2. 储存场所的要求

（1）储存危险化学品的建筑物不得有地下室或其他地下建筑，其耐火等级、层数、占地面积、安全疏散和防火间距应符合国家有关规定。

（2）储存地点及建筑结构的设置，除了应符合国家有关规定外，还应考虑对周围环境和居民的影响。

### 3. 储存场所的电气安装

（1）危险化学品储存场所消防用电设备应能充分满足消防用电的需要。

（2）危险化学品储存区域或建筑物内输配电线路、灯具应使用防爆电气材料，且必须配置火灾事故照明和疏散指示标志。

（3）储存易燃、易爆危险化学品的建筑必须安装避雷设备。

### 4. 储存场所通风或温度调节

（1）储存危险化学品的建筑必须安装通风设备，并注意设备的防护措施。

（2）储存危险化学品的建筑通风、排风系统应设有导除静电的接地装置。

（3）通风管道应采用非燃烧材料制作。

（4）通风管道不宜穿过防火墙等防火分隔物，如必须穿过时应用非燃烧材料分隔。

（5）储存危险化学品的建筑采暖的热媒温度不应过高，热水采暖应不超过 80 ℃，不得使用蒸汽采暖和机械采暖。

（6）采暖管道和设备的保温材料必须采用非燃烧材料。

### 5. 储存安排及储存量限制

（1）危险化学品储存安排取决于危险化学品分类、分项、容器类型、储存方式和消防的要求。

（2）遇火、遇热、遇潮能引起燃烧、爆炸或发生化学反应，产生有毒气体的危险化学品不得在露天或在潮湿、积水的建筑物中储存。

（3）受日光照射能发生化学反应，引起燃烧、爆炸、分解、化合或能产生有毒气体的危险化学品应储存在一级建筑物中，其包装应采取避光措施。

（4）爆炸物品不准和其他类物品一同储存，必须单独隔离、限量储存。仓库不准建在城镇，应与周围建筑、交通干道、输电线路保持一定安全距离。

（5）压缩气体和液化气体（如制冷剂、空气清新剂、手喷漆、化清剂等）必须与爆炸物品、氧化剂、易燃物品、自燃物品、腐蚀性物品隔离储存；易燃气体不得与助燃气体、剧毒气体一同储存；氧气不得与油脂混合储存；盛装液化气体的容器属压力容器的，必须有压力表、安全阀、紧急切断装置，并定期检查，不得超装。

（6）易燃液体、遇湿易燃物品、易燃固体不得与氧化剂混合储存；具有还原性、氧化性的物品应单独存放。





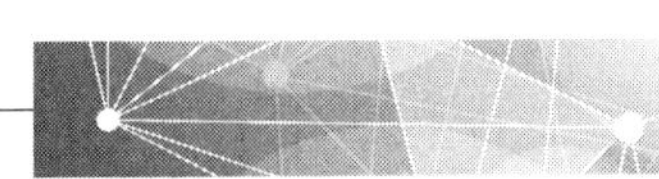

（7）有毒物品应储存在阴凉、通风、干燥的场所，不可露天存放，也不可接近酸类物质。

（8）腐蚀性物品（如电解液、盐酸等）的包装必须严密，不允许泄漏，严禁与液化气体和其他物品一同储存。

（9）危险化学品库存数量不得大于该品种订货周期及到货周期用量的两倍，在保证供应的同时，确保不超量储存。

### 6. 危险化学品的养护

（1）危险化学品入库后应采取适当的养护措施，在储存期内定期检查，一旦发现其品质变化、包装破损、渗漏、稳定剂短缺等现象，及时上报领导，做退货、报废等相应处理。

（2）严格控制库房温度、湿度，经常检查，发现变化及时调整。

### 7. 危险化学品出入库

（1）储存危险化学品的仓库必须严格遵守有关规定。

（2）危险化学品出入库前均应检查、验收、登记。

（3）进入危险化学品储存区域的人员、机动车辆和作业车辆必须采取防火措施。

（4）装卸、搬运危险化学品时应按有关规定进行，做到轻装、轻卸，严禁摔、碰、撞、击、拖拉、倾倒和滚动。

（5）装卸对人身有毒害及腐蚀性的物品时，操作人员应根据危险性穿戴相应的防护用品；不得用同一车辆运输互为禁忌的物料。

（6）修补、换装、清扫、装卸易燃、易爆物品时，应使用不产生火花的铜质、合金质或其他工具。

（7）危险化学品出库必须严格执行出库管理规定，油漆辅料类出库必须按当日、当次实际需要（或按最小包装量）领料出库，不得整批集中出库，也不得先发货后补领料单。

（8）调漆房中调漆架上的色母由指定调色涂装工或涂装负责人进行管理，每天记录用量，办理领料出库手续。

（9）危险化学品领料人必须对本人领出的危险化学品使用、保管的安全负责，确保本人领出的危险化学品在使用完毕前得到妥善保管。

## 三、消防措施

1. 根据危险化学品特性和仓库条件，必须配置相应的消防设备、设施和灭火药剂，并配备经过培训的兼职和专职消防人员。

2. 必须坚持定期对消防器材安检，确保其随时处于良好状态。

# 第 6 节　汽车尾气排放法规

## 一、汽车尾气排放物的危害

汽车尾气排放物主要有 CO（一氧化碳）、HC（碳氢化合物）、$NO_x$（氮氧化物）、微粒（由碳烟、铅氧化物等重金属氧化物和烟灰等组成），其对环境的影响主要有两个方面：一是引起环境污染的重要因素；二是参与形成光化学烟雾，进一步恶化空气质量。汽车污染物种类不同，危害也有所不同，具体见表 9–2。

**表 9–2　汽车尾气排放物的危害**

| 序号 | 名　称 | 危　害 |
|---|---|---|
| 1 | 一氧化碳（CO） | CO 与血液中的血红蛋白结合，形成碳氧血红蛋白，使这部分血红蛋白失去输送氧气的能力，造成血液输氧能力下降，导致人体缺氧 |
| 2 | 碳氢化合物（HC） | 可以使人的骨髓功能减弱，血小板碱少，刺激眼、鼻、呼吸道，危害植物，也是形成光化学烟雾的因素 |
| 3 | 氮氧化物（$NO_x$） | 由 96% ~ 98% 的一氧化氮（NO）和 2% ~ 4% 的二氧化氮（$NO_2$）构成，其中 $NO_2$ 主要危害眼睛、呼吸道和肺。$NO_x$ 使纤维、塑料、橡胶、电子材料提前老化，并参与形成光化学烟雾 |
| 4 | 光化学烟雾 | 由臭氧（$O_3$）、多种过氧化物和多种游离基组成，强烈刺激眼睛、呼吸道，诱发癌症，危害作物，腐蚀金属、橡胶，降低空气能见度 |
| 5 | 固体颗粒物 | 由碳烟、铅氧化物和多种高分子氧化物构成，其中铅可以损害心、肺、造血系统，降低智力；碳烟中的有害物质致癌，降低空气能见度，附着固定表面影响美观，腐蚀金属 |

## 二、汽车排放法规与标准简介

### 1. 欧洲排放标准

欧洲排放标准由欧洲经济委员会的排放法规和欧共体（欧盟的前身）的排放指令共同确定，排放法规由欧洲经济委员会参与国自愿认可，排放指令由欧共体或欧盟参





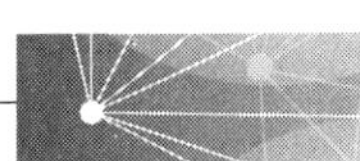

与国强制实施。欧洲从 1992 年起开始实施欧Ⅰ（欧Ⅰ型式认证排放限值）标准，经过几个阶段，到 2014 年开始实施欧Ⅵ（欧Ⅵ型式认证和生产一致性排放限值）标准。

欧洲汽车尾气排放的标准一般每四年更新一次。相对于美国和日本的汽车尾气排放标准来说，测试要求比较宽泛，因此，欧洲标准是发展中国家大都沿用的汽车尾气排放标准。

欧洲汽车尾气排放标准对几乎所有类型汽车排放的氮氧化物（$NO_x$）、碳氢化合物（HC）、一氧化碳（CO）和悬浮粒子（particulate matter，PM）都有限制。对每一种类型，汽车尾气排放标准有所不同。

**2. 中国排放标准**

与国外发达国家相比，我国汽车尾气排放法规起步较晚。根据我国的实际情况，从 20 世纪 80 年代初期开始采取先易后难、分阶段实施的具体方案，至今主要分为六个阶段，也就是人们常说的国Ⅰ、国Ⅱ、国Ⅲ、国Ⅳ、国Ⅴ和国Ⅵ。

国Ⅰ排放标准是从 1983 年开始，我国颁布了第一批机动车尾气污染控制排放标准，这一批标准的制定和实施标志着我国汽车尾气法规从无到有，逐步走向法制治理汽车尾气污染的道路。这批标准包括 GB 3842—1983《汽油车怠速污染物排放标准》、GB 3843—1983《柴油车自由加速烟度排放标准》、GB 3844—1983《汽车柴油机全负荷烟度排放标准》三个限值标准和 GB 3845—1983《汽油车怠速污染物测量方法》、GB 3846—1983《柴油车自由加速烟度测量方法》、GB 3847—1983《汽车柴油机全负荷烟度测量方法》三个测量方法标准。

国Ⅱ排放标准是 1989 ~ 1993 年，我国又相继颁布了 GB 11641—1989《轻型汽车排气污染物排放标准》、GB 14761.2—1993《车用汽油机排气污染物排放标准》两个限值标准和 GB 11642—1989《轻型汽车排气污染物测量方法》、GB/T 14762—1993《车用汽油机排气污染物测量方法》两个工况法测量方法标准。至此，我国已形成了一套较为完整的汽车尾气排放标准体系。以上标准现已全部作废。

随后，我国不断对汽车排放标准进行修改和完善，又经过了国Ⅲ、国Ⅳ和国Ⅴ三个阶段后，2016 年出台了国Ⅵ排放标准。

国Ⅵ排放标准，就是指 GB 18352.6—2016《轻型汽车污染物排放限值及测量方法（中国第六阶段）》中的第六阶段排放控制要求。标准中设置了国Ⅵ a 和国Ⅵ b 两个排放限值方案，分别于 2020 年和 2023 年全面实施。

国Ⅵ排放标准是为了贯彻环境保护法律、减少汽车尾气排放、保护生态环境以及保护人民身体健康而制定的，其实施表明我国对环境保护的重视。

实际上，国Ⅵ a 标准是一个过渡，国Ⅵ b 才是真正意义上的排放标准，对一氧化碳、碳氢化合物、氮氧化物、颗粒物的排放要求更加严格。这一排放标准比较符合中国的国情和环境需求，是目前世界上最严格的排放标准之一。

# 第 7 节　汽车维修作业安全知识

## 一、安全生产管理总则

1. 认真贯彻执行“安全第一、预防为主”的方针及国家有关的安全生产法律法规。

2. 按照相关的要求，设置安全生产管理领导机构，生产部门和班组应配备专（兼）职安全生产管理人员，负责督促、教育和检查职工执行安全操作规程。

3. 定期进行安全生产教育和安全知识培训，教育职工严格执行各工种工艺流程、工艺规范和安全操作规程，不得违章作业。

4. 维修车辆前，应将车辆停、架牢固后方可作业；举升设备应由专人操作，非工作人员不准进入车下，举升车辆时不准检修举升设备。

5. 路试车辆必须由具有驾驶证且技术熟练的试车员在规定的路段上进行。

6. 有毒、易燃、易爆物品和化学物品，粉尘、腐蚀剂、污染物、压力容器等应有安全防护措施。

7. 根据季节变换切实做好防火、防涝、防冻、防腐及防盗工作，制定相关措施，配备消防器材；确保配电设施线路完好、性能可靠，使用移动电具应有安全防护措施。

8. 发生事故要及时向上级主管汇报，保护好现场，查明原因并妥善处理。

9. 必须按相关《安全技术操作规程》进行生产作业。

10. 工作时不得擅离岗位，不干与本职工作无关的事情。

11. 必须按规定穿戴劳动保护用品，不穿拖鞋上班，车间内严禁吸烟。

12. 非工作需要不得动用任何汽车，汽车在厂内行驶时车速不得超过 5 km/h，不准在厂内测试汽车制动性能指标。

13. 加强对易燃物品的管理，必须按规定使用和存放。

14. 各工位应配备充足的灭火器材，并加强维护与保养，使之保持良好的技术状态。

15. 工作灯应采用低压（36 V 以下）安全灯，不得冒雨或在水中使用，应经常检查导线、插座是否良好。

16. 手湿时不得扳动电力开关或插拔插座电源线路；熔断器应按规定安装，不得用铜线、铁线代替。

17. 下班时，必须切断所有电气设备的前一级电源开关。

## 二、汽车维修工安全操作规程

1. 工作前先检查所用工具，如锤柄、钳子等是否有松动、裂缝、损坏现象，同时应清除各种工具手柄上的油污，防止工作时滑脱伤人。





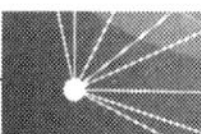

2. 拆装机件时要正确使用扳手、套筒等工具，用力要适当，不得用铁锤直接敲击淬火或硬质机件，应用铝棒、铜棒垫敲。

3. 拆装汽车时大梁应用支架搁稳，不得使用易碎品作为垫物；修理翻斗车需顶车厢时，应支好撑脚，用垫木塞紧；车轮应用三角木塞紧。

4. 使用千斤顶时要选好地面和顶物的受力点，防止地面下陷、垫块破碎、顶物滑移；需拆车轮或进入车身下工作时，车身一定要用支架搁稳。

5. 使用举升机检修车轮时，必须严格按照举升机有关规程操作。

6. 多人或多工种同时操作一辆汽车时，要注意互相呼应、上下配合，防止工具、零部件坠落伤人。

7. 废油必须倒入指定废油桶内；油箱由专人负责，放入指定地方妥善保管；使用后油污纱布不得随地乱抛。

8. 在拆装、修理电气设备前，发动机应停止运转；加油时，严禁试验高压火花、调换蓄电池或明火作业。

9. 使用油类清洗机件时，应在专用的清洗盘内进行，严禁吸烟或接近明火；清洗完毕，油盘要加盖，放置在安全的地方。废油及油抹布要回收处理，不可任意乱倒。

10. 清洗发动机时，首先要拆除电源，防止发生搭铁起火；清洗时应用柴油或其他清洗剂；严禁汽车发动后热缸体清洗。

11. 拆装机件时，应验证机件，然后按次序装卸。拆卸机械时应注意防止弹簧（或弹性元件）弹出伤人；装销子或轴孔时，不得用手指试对眼孔，也不得将手伸入变速器内检查齿轮。

12. 在试验高压线圈点火时，不得靠近易燃物品。

13. 发动机试车启动前，应由主修人员细查油路、水路，转动部位有无松动或碰击，电火花部分有无漏电等现象，确认一切完好，方可启动试车。禁止在运转时检查、排除故障。

## 三、汽车维修电工安全操作规程

1. 在发动机运转时检查电器、电路，必须注意旋转部位，谨防打伤头部、手部。

2. 在配制电解液时，应将硫酸慢慢注入蒸馏水中稀释；严禁将蒸馏水倒入硫酸中，以防引起灼伤事故。

3. 需充电时，应将蓄电池盖揭开；充电完毕，应装好蓄电池盖，并检查蓄电池盖上通气孔是否畅通，防止其阻塞而引起泄漏和爆炸。

4. 使用汽油清洗电气设备时，严禁火种接近，汽油用后必须妥善保管或处理。

5. 使用电烙铁时，要注意搁放妥当，用后立即拔去插头，以防火灾事故发生。

6. 登高作业要有防护措施。

7. 不准开动各种车辆，车辆必须拉紧驻车制动手柄，并用三角垫木塞好车轮。当有人在车底作业时，车上严禁同时作业。

8. 工作完毕，要收好工具，将危险品存放妥当，切断设备电源，并整理场地。

## 四、汽车维修检验员安全操作规程

1. 汽车维修检验员应持有机动车驾驶证，作业时严格遵守道路交通法规及驾驶员安全操作规程。

2. 凡需路试的车辆，出车前应对车辆安全装置进行检查，制动、转向、灯光、喇叭、反光镜等部件应齐全有效，确保安全，方可出厂试车。

3. 试车前，必须装好油箱，不得用其他盛器代替油箱进行试车。

4. 试车车辆前后必须悬挂试车牌照，并按指定路线试车，不得随意改变路线。

5. 试车车辆的座椅装置必须牢靠，试车人员不得超过三人（长途试验车除外）。

6. 非试车人员不得随车外出，试车车辆不得装载货物（重载试验车除外），随车人员要协助检验员做好安全行车工作。

7. 在试车路上测试车辆制动时，检验员必须事先通知随车人员观察前、后、左、右，在确认路面安全情况下，并提示坐稳、攀牢后方可制动。

8. 台风、暴雨、大雾、下雪、结冰等恶劣天气及夜间不得进行路试。

9. 路试车辆需在外调试、校正时，要看清路边交通标志，靠右停车，不得影响交通；维修人员需爬入车身下作业时，必须拉上驻车制动手柄，给车轮垫上木塞，以防车辆滑移。

10. 实习驾驶员不得从事路试工作。

11. 试车时，如遇水箱开锅，应先将发动机熄火，过一段时间后，方可进行放水或加入冷水；开启水箱盖时，脸部和其他裸露部位勿对准水箱口。

12. 试车回厂后，车辆要妥善停放，工具、试车牌照和车辆钥匙要妥善保管。

## 五、汽车维修涂装工安全操作规程

1. 涂装工作业场所和油漆房严禁烟火。操作人员应熟知灭火器材的位置和使用方法。

2. 涂装作业使用的各种油漆、香蕉水、腻子、化学配料及各类酸类物品应按规定保管存放。

3. 工作时穿戴好劳动防护用品，喷涂时要戴好防毒口罩。防毒口罩内的活性炭要经常调换，工作环境要保持卫生和通风。

4. 使用喷漆灯前，应先检查喷漆灯是否完好，有裂缝、漏油情况不得使用；喷漆灯外壳不得沾上油；使用时，气不能过足。点火时要选择安全的地方，喷口不得对着自己和他人。

5. 需涂装的车辆和工件应放置稳固，防止车身滚动或工件倾倒伤人。

6. 涂装车厢、栏板、车顶需登高时，登高工具应安全有效。高度超过 2 m 的，应按登高作业有关规定进行作业。

7. 使用移动式空气压缩机时，要遵守该设备的安全操作规程。

8. 手用铲涂装工具的握手部位应装有木质、胶木等材质的手柄；铲漆时，用力要适当。

9. 使用电动工具前，应先检查电气绝缘部分是否有损伤、漏电等现象，并按各类工具的安全操作规程作业，确保安全。

10. 油漆烘房应有专人管理，使用时应遵守烘房安全操作规程。

11. 无机动车驾驶证或场内驾驶员特种作业安全操作证的人员不得驾驶车辆。

12. 及时清洗手上和其他裸露部位沾上的油漆和其他化学物品。

13. 工作完毕必须将易燃、易爆物品按规定存放妥当，清除场地上的棉纱、旧砂纸、油漆等废物，清扫积水，整洁场地，人离岗后切断电源、气源。

### 六、汽车维修钣金工安全操作规程

1. 工作时必须穿戴好劳动防护用品；气焊、气割时应戴好防护眼镜；凡动明火必须持有特种作业操作证，严格遵守焊割“十不烧”安全规定。

2. 使用锤子等手用工具时，应检查是否有松动、裂缝、损坏等现象；使用前要清除各种工具手柄上的油污，防止用力时滑脱伤人。

3. 使用各类设备时，应遵守有关设备安全操作规程。

4. 多人同时操作时，要相互配合、呼应，注意安全。

5. 在整车上需动明火拆装零部件时，应遵守有关制度，采取有效措施，防止火灾事故的发生。

6. 拆下的油箱应统一存放，严禁烟火。修补油箱时必须打开盖子，用水将油箱彻底清洗后方可修补。

7. 驾驶室顶或其他高处不得放置垫铁和各类工具，以防止滑落伤人。在超过 2 m 以上高处作业时，要遵守登高作业有关规定。

8. 工作完毕，乙炔、氧气管及各类工具必须归放到位并清扫环境，做好设备保养工作；人离设备，要随手切断电源、气源。

9. 操作剪刀机时，不得将手伸入底柱中间，不得剪超过规定厚度的铁皮。剪下来的边角余料、尖角铁皮等不得乱丢，要及时清理，堆放在适当地方。

10. 操作折弯机时要注意周围是否有人，两人共同操作时要注意互相配合，不得弯折超过规定的厚度和角度。

11. 使用高压手电钻时必须戴绝缘手套。

12. 存放乙炔发生器和氧气瓶的场所严禁烟火；氧气瓶、氧气胶管不可沾油。

## 第 8 节　新能源汽车安全知识

新能源汽车与传统燃油车相比，驱动系统不一样。新能源汽车由高压电驱动系统来提供动力，在使用过程中可能因为高压电系统故障或者碰撞等造成结构损伤，导致出现高压泄漏、人员触电、电池起火等安全风险。

## 一、高压电气系统安全作业防护要求

1. 维修人员必须佩戴必要的安全防护用品，如绝缘手套（需准备防高压电工手套以及防电池电解液酸碱性手套两种）、绝缘胶鞋、绝缘胶垫和防护眼镜等，其耐压等级必须大于需要测量的最高电压。

2. 使用绝缘手套前必须检查是否有破损、破洞或裂纹等，手套应完好无损，确保安全。

3. 使用绝缘手套、绝缘胶鞋等防护用品前应检查内外表面是否洁净、干燥，不能带水进行操作，确保安全。

4. 维修车辆时，必须设置专职监护人一名，监护人工作职责为监督维修的全过程，具体如下。

（1）监护人及维修人员必须具备国家认可的“特种作业操作证（电工）”与“初级（含）以上电工证”（职业资格证书）。

（2）监护人及维修人员必须经过新能源汽车专业培训，并通过考核。

（3）监督维修人员操作、工具使用、防护用品佩戴、备件安全保护、维修安全警示牌等是否符合要求。

（4）检查紧急维修开关的接通和断开。

（5）检查维修过程中的安全维修操作规程，按安全维修操作规程指挥操作，维修人员在完成一个操作后要告知监护人，监护人要在作业流程单上作标记。

（6）监护人要认真负起责任，确保维修过程的安全，避免发生安全责任事故。

5. 严禁未经培训的人员进行高压电部分检修，禁止一切带有侥幸心理的危险操作，避免发生安全事故。

## 二、高压电气系统安全维修操作规范

1. 进行高压部件识别。

2. 检修高压系统时，点火开关必须处于 OFF 挡（若为智能钥匙系统，则应使车辆不在智能钥匙感应范围内，并且使车辆处于非充电状态），断开 / 拆下低压蓄电池正极接头，并做绝缘处理，并拔下紧急维修开关。紧急维修开关拔下后，由专职监护人员保管，并确保在维修过程中不会有人将其插到高压配电箱上。

（1）拔下紧急维修开关只是切断了从高压配电箱到各个高压用电设备的电源，并不能切断动力电池包到高压配电箱的电源。

（2）当需要维修或更换高压配电箱时，应小心拔出连接动力电池包的电缆正、负极高压插件，使用绝缘胶带包好裸露出的桩头，避免触电。

3. 在拔下紧急维修开关 5 min 后，检修高压系统前应使用万用表测量整车高压回

路，确保无电。

（1）拔下紧急维修开关手柄后，测量动力电池包正极和车身之间的电压来初步判断是否漏电，若检测到电压大于 50 V，应立即停止操作。

（2）使用万用表测量高压时，需注意选择正确量程。检测用万用表精度应不低于 0.5 级，要求具有直流电压测量挡位，量程范围不小于 500 V。

（3）所使用的万用表一根表笔线上配备绝缘鳄鱼夹（要求耐压为 3 kV，过电流能力大于 5 A），测量时先把鳄鱼夹夹到电路的一个端子，然后用另一只表笔接到需测量端子测量读数。每次测量时只能用一只手握住表笔，测量过程中，严禁触摸表笔金属部分。

## 三、高压电气系统安全维修注意事项

1. 在维修作业前采用安全隔离措施（使用警戒栏隔离），并树立高压警示牌以警示相关人员，避免发生安全事故。

2. 在维修高压部分前，将车身用搭铁线连接到混合动力及纯电动车型专用维修工位的接地线上。

3. 在检修有电解液泄漏的动力电池包时需佩戴防护眼镜，以防止电解液溅入眼中。

4. 在车辆上电前，注意确认是否还有人员在进行高压维修操作，避免发生危险。

5. 检修高压线束时，对拆下的任何高压配线都应立刻用绝缘胶带包扎绝缘。

## 四、新能源汽车充电注意事项

1. 选择符合国家标准的充电桩。

2. 充电前需确认车状态是否良好、充电设备是否正常。充电开始后要确认电压和电流都在正常范围内后才能离开现场。如果有条件，应该定时查看充电状态是否正常。

3. 尽量使用充电线缆与插座直接相连，检查充电插座状态是否良好，避免在连接线有破损或有腐蚀生锈插座情况下进行充电。

4. 尽量避免使用拖线板，如必须使用拖线板，则要注意以下两点。

（1）不要把拖线板和充电接口直接放置在地面上，以免暴雨进水。

（2）避免拖线板在阳光下暴晒。

5. 避免将充电线缆在阳光下暴晒并充电，暴晒并持续发热会造成充电线过热而引起插座燃烧。

6. 雷雨、暴雨天气下尽量不要户外充电，如果在室外充电需要考虑插座是否具备防雨罩，是否有雨棚遮挡防止漏电。

7. 充电时不建议开车内空调。充电时开空调，会加大电池内部电荷负载，加快动力电池组的电池衰减，缩短电池使用寿命。

8. 充电线缆附近不要放置或接触可燃物与易燃物，车辆附近也应尽量避免有热源。

9. 高温暴晒后不要立即充电。长时间暴晒后，电源箱温度攀升，导致电池温度上升，立即充电会加速车内线路老化、损坏。

10. 纯电动汽车电池包安装于车身底部，所以在经过涉水路面时，尽量不要使水位超过轮毂中心。在雨季来临时，车辆尽量不要停放在低洼地带，避免造成安全隐患。

11. 新能源汽车切记不要急加速，避免形成瞬间大电流放电。大电流放电容易造成锂离子在负极区域大量沉积。同时带来的还有一定程度的电解液分解和材料破坏对容量衰减影响很大。

12. 合理安排充电、放电，过度充电、过度放电和充电不足，在一定程度上都会缩短电池使用寿命。